Vente le Mercredi 26 Février 1879 et Jours suivants

# COLLECTION

DE

# FEU M. PARAVEY

ANCIEN CONSEILLER D'ÉTAT, OFFICIER DE LA LÉGION D'HONNEUR

## CATALOGUE

DES

# MONUMENTS ANTIQUES

PAR

## J. DE WITTE

MEMBRE DE L'INSTITUT

### EXPOSITIONS

PARTICULIÈRE, *le lundi 24 février 1879, de 1 heure à 5 heures*
PUBLIQUE, *le mardi 25 février 1879, de 1 heure à 5 heures*

COMMISSAIRES-PRISEURS

Mᵉ CHARLES PILLET | Mᵉ PAUL RAIN
10, RUE DE LA GRANGE-BATELIÈRE, 10 | 19, RUE BLEUE, 19

EXPERTS

MM. ROLLIN ET FEUARDENT
4, RUE DE LOUVOIS, 4

# CATALOGUE

D'UNE COLLECTION DE

# MONUMENTS ANTIQUES

# CONDITIONS DE LA VENTE

Elle sera faite au comptant.

Les acquéreurs paieront *cinq pour cent* en sus des prix d'adjudication.

# CATALOGUE



D'UNE COLLECTION DE

# MONUMENTS ANTIQUES

### VASES PEINTS, BRONZES, TERRES CUITES, ETC.

PAR

## J. DE WITTE

Membre de l'Institut

---

LA VENTE AUX ENCHÈRES PUBLIQUES AURA LIEU PAR SUITE DU DÉCÈS DE

## M. PARAVEY

Ancien conseiller d'État, officier de la Légion d'honneur

### HOTEL DROUOT, SALLE N° 3, AU 1er ÉTAGE

### LE MERCREDI 26 FÉVRIER 1879 ET JOURS SUIVANTS

A DEUX HEURES PRÉCISES

Par le ministère de Mᵉ **Charles PILLET**, commissaire-priseur

RUE DE LA GRANGE-BATELIÈRE, 10

Et de Mᵉ **Paul RAIN**, son confrère

RUE BLEUE, 19

Assistés de MM. **ROLLIN** et **FEUARDENT**, experts

RUE DE LOUVOIS, 4

*Chez lesquels se distribue le Catalogue.*

---

## EXPOSITIONS

PARTICULIÈRE, *le Lundi 24 février* 1879, *de 1 heure à 5 heures*
PUBLIQUE, *le Mardi 25 février* 1879, *de 1 heure à 5 heures.*

---

**PARIS 1879**

# AVERTISSEMENT

La précieuse collection d'antiquités dont nous publions aujourd'hui le *Catalogue* et que bientôt les enchères vont disperser se compose de vases peints, de terres cuites et de bronzes. Formée par un amateur des plus distingués, M. Charles Paravey, ancien conseiller d'État, cette collection se recommande à l'attention de tous les hommes qui s'intéressent aux études archéologiques et aux arts. Connaisseur fin et habile, M. Paravey savait apprécier les monuments de l'antiquité et choisir avec un rare discernement les objets qui offrent une véritable valeur aussi bien au point de vue de l'art qu'à celui de l'érudition.

Au nombre des vases peints, nous citerons en premier lieu la merveilleuse coupe n° 82, décorée de sujets empruntés à la guerre de Troie et portant les signatures de Calliadès et de Doris ; une autre coupe, n° 73, où l'on voit le combat de Dionysos contre le géant Eurytos ; la coupe n° 81, sur laquelle on a représenté l'armement des Myrmidons. Nous ne devons pas oublier ici le stamnos n° 39, où l'on voit la naissance de Bacchus, ni l'œnochoé n° 56, sur laquelle est représentée Ériphyle recevant le collier des mains d'Amphiaraos, ni le petit plateau n° 74, portant la signature du céramiste Sosias, ni l'hydrie n° 62, sur laquelle on voit Ulysse et Nausicaa, etc. Je m'arrête, car je me laisserais entraîner à citer ici tous les sujets rares et intéressants. On ne doit pas passer sous silence une remarquable collection de rhytons et de vases aux formes singulières, n°ˢ 130 à 161.

Quant aux terres cuites, nous signalerons surtout l'admirable statuette de la collection Pourtalès, trouvée à Athènes et qui a appartenu à Fauvel, n° 204, et la Déméter Éleusinia, n° 180, trouvée à Éleusis. Deux autres figurines, n°ˢ 215 et 220, viennent également d'Athènes ou des environs.

La série des terres cuites de Tanagra, n<sup>os</sup> 255 à 279, mérite une mention particulière; elle se recommande par la beauté et par la variété des figurines. Nous nous faisons un vrai plaisir de reproduire ici ce qui a été dit au sujet des terres cuites de Tanagra dans un Catalogue, imprimé en 1877 (1) :

« C'est en 1870 que les premières fouilles furent faites, dans la nécropole de Tanagra, par les paysans du voisinage. Les premières figurines qu'elles mirent au jour restèrent dans le pays, et ceux qui les avaient trouvées s'en servirent parfois pour jouer au palet ou pour tirer à la cible. En 1871 seulement, il en arriva quelques-unes entre les mains des collectionneurs et des marchands d'Athènes qui, d'abord, n'en firent pas grand cas. Ce n'est que lorsqu'on vit plusieurs amateurs étrangers les rechercher curieusement, lorsqu'on apprit que le Louvre en avait acquis coup sur coup deux collections, lorsque l'ambassadeur d'une grande puissance en eut exposé quelques-unes dans ses salons de réception, que l'on s'avisa de la grande valeur vénale de ces figurines. En quelques mois,

(1) *Collections de M. Toulmouche et de M. R...* (Vente 5 juin 1877).

les prix en décuplèrent à Athènes. Une seule figurine y fut vendue 9,000 francs ! En même temps, la concurrence acharnée des marchands grecs entre eux les fit hausser, à Tanagra même, dans des proportions énormes, si bien qu'on y vit des terres cuites être payées aux fouilleurs, à la sortie du tombeau, et encore couvertes de terre, jusqu'à un billet de 1,000 drachmes. Il faut se rappeler la fièvre de l'or au moment de la découverte des sables aurifères de la Californie pour s'imaginer l'émotion que causèrent, en Béotie, les bénéfices faits si rapidement par les fouilleurs. Les gens des villages de Bratzi, Skhimatari et Kokali abandonnèrent la culture de leurs champs pour la recherche de ces trésors inattendus. Dans l'espace de cinq ans, plus de huit mille tombeaux furent ouverts, et tout le terrain bouleversé jusqu'à plusieurs lieues de distance. Sur la route de Thèbes notamment, où les sépultures étaient plus pressées et plus riches, on en suivit la double ligne sur une longueur de douze kilomètres. Il y a deux ans seulement que ces travaux ont commencé à se ralentir, moins à cause des obstacles mis aux recherches par le gouvernement. que parce que, à mesure que l'on s'éloignait de Tanagra, les tombeaux devenaient plus clairsemés et les objets qu'on y trouvait étaient en général plus grossiers. Aujourd'hui les paysans sont retournés à la charrue, et les fouilleurs de profession ont quitté la place pour aller chercher de côté et d'autre, et sans grand succès jusqu'à présent, de nouveaux *placers*.

« Il est impossible d'évaluer exactement le nombre des figurines découvertes dans ces fouilles : il ne doit pas être loin de trois mille, dont fort peu, malheureusement, bien conservées. À l'intérieur des tombes qui n'ont pas été pillées dans l'antiquité même ou qui n'ont pas resservi à l'époque romaine, et c'est là le plus petit nombre, on en trouve d'ordinaire de une à trois : la première à gauche de la tête du mort, les deux autres à la hauteur de ses mains. Celles-là sont en général entières, et lorsque le tombeau s'est trouvé assez hermétiquement clos pour que l'eau n'y pénétrât pas, elles ont même conservé les couleurs dont elles étaient peintes. Un beaucoup plus grand nombre, quelquefois vingt et davantage, étaient placées hors de la tombe, sur le couvercle ou tout autour;

de celles-là la pioche ne met au jour que les débris épars dans les terres, et le plus souvent si effrités qu'ils ne valent pas la peine d'être recueillis ; parfois, au contraire, ils sont assez bien conservés pour qu'on puisse les rassembler et les recoller.

« Dans quelle pensée les habitants de Tanagra, par un usage dont on ne retrouve presque pas de traces ailleurs en Grèce, ont-ils ainsi rempli les tombeaux de figurines ? Que faut-il voir dans ce peuple de terre cuite ? Doit-on y reconnaître des divinités de l'Olympe et de l'Hadès, ou bien de simples mortels ? La question est encore discutée entre les archéologues et ne semble pas près d'être résolue. Dans plusieurs articles, qui sont de véritables mémoires et mériteraient d'être réunis en volume (1), le sous-conservateur des Antiques au Louvre, M. Heuzey, a défendu la première de ces deux opinions et essayé de montrer que presque toutes les figurines se rattachaient aux cycles divins

(1) Recherches sur les figures de femmes voilées dans l'Art grec. — Nouvelles recherches sur les terres cuites grecques. (Extrait des *Monuments grecs publiés par l'Association des études grecques.*) — Recherches sur un groupe de Praxitèle. (*Gazette des Beaux-Arts*, 1875.)

de Déméter, de Dionysos et d'Aphrodite ; il
l'a fait avec cette érudition solide et sobre,
cet art consommé, cette lucidité et ce
charme d'exposition qui distinguent tous ses
travaux. M. Rayet a, dans une longue
étude (1), soutenu l'opinion contraire, déjà
émise avant lui par M. Otto Lüders (2). Pour
M. Rayet, les figurines de Tanagra repré-
sentent bien, non pas toutes, mais presque
toutes, des êtres de ce monde : c'est une
société fictive que l'on donnait au mort pour
lui rappeler, dans la solitude de la tombe,
les personnes qu'il avait aimées, les plaisirs
qu'il avait goûtés sur la terre. Jeunes femmes
coquettes et pimpantes, joueuses de balle
ou d'osselets, éphèbes prêts à se livrer aux
exercices du gymnase, Silènes ventrus se
gorgeant de vin........ tout cela perpétuait
pour le mort son existence passée et l'aidait
à revivre le plus agréablement possible sa
première vie ; tandis que les figures voilées
et tristes, qui se glissaient au milieu de cette
foule en général gaie et rieuse, lui rappe-

(1) Les figurines de Tanagra au musée du Louvre.
(Extrait de la *Gazette des Beaux-Arts*, t. IX.)
(2) Ritrovamenti di terre cotte in Tanagra. (*Bull. de
l'Inst. de corr. arch.*, 1874.)

laient les regrets qu'il avait laissés chez les siens et le pieux souvenir qu'ils gardaient de lui. Que si quelques divinités, et surtout Aphrodite et les Amours, sont parfois représentées dans cette population des tombes; c'est, non pas pour protéger le mort dans le monde infernal, mais pour le faire ressouvenir des plaisirs auxquels elles président.

« C'est là précisément, suivant M. Rayet, ce qui fait l'intérêt de ces figurines. Elles sont le commentaire vivant des épigrammes de l'Anthologie, des scènes de la comédie et des romans grecs. Elles nous font connaître la vie de tous les jours; elles nous mettent sous les yeux les hommes et les femmes du iv⁰ et du iii⁰ siècle avant J.-C., avec les costumes qu'ils portaient, au milieu de leurs actes ordinaires et dans les attitudes qui leur étaient habituelles. Au point de vue de l'exécution, elles nous révèlent un côté, non-seulement inconnu, mais tout-à-fait inattendu, de l'art grec, le côté intime et familier. Rapidement faites en général et peu poussées, elles n'en montrent pas moins, chez les modestes artistes qui les fabriquaient, une étourdissante fertilité d'invention, un sentiment exquis de la vie, une merveilleuse intelligence de la forme, une sûreté et une liberté de main qui n'ont jamais été égalées. Aussi méritent-elles de tous points l'admiration qu'expriment pour elles les artistes et l'ardeur avec laquelle les amateurs les plus éclairés les recherchent (1). »

Je ne terminerai pas cet avertissement sans appeler l'attention sur le rare et beau vase de bronze et de fer, n° 313, désigné sous le nom de *Fiscus*, objet de la plus grande rareté.

J. DE WITTE.

(1) Il a été souvent question dans la *Gazette archéologique* des terres cuites de Tanagra. — On lira aussi avec intérêt un nouvel article de M. Olivier Rayet, dans la *Gazette des beaux arts,* t. XVIII, septembre 1878.

# CATALOGUES CITÉS

Nous donnons ici par ordre de dates la nomenclature des *Catalogues* d'antiquités cités dans le présent *Catalogue* :

*Catalogue Durand,* par J. de Witte, 1836.
— *Étrusque* (Collect. du Prince de Canino), par le même, 1837.
— *du Vicomte Beugnot,* par le même, 1840.
— *du Baron Roger,* 1842.
— *du Prince de Canino,* par Dubois, 1843.

(Deux autres *Catalogues* de vases du Prince de Canino ont été publiés en 1834 et en 1840 par Dubois).

*Catalogue N. Révil,* 1845.
— *du Prince de Canino,* 1845.

(Ce *Catalogue,* qui ne porte pas de nom d'auteur, a été rédigé pour l'agent de la princesse de Canino, M. Cometti, par J. de Witte).

*Catalogue Raoul-Rochette,* 1855.
— *Louis Fould,* 1860.
— *du Comte de Pourtalès,* 1865.
— *Alexandre Castellani,* par J. de Witte, 1866.
— *Nolivos,* 1866.
— *du Vicomte de Janzé,* 1866.
— *Raifé,* par Fr. Lenormant, 1867.
— *du Prince Napoléon,* par Frœhner, 1868.
— *Féjervary-Pulsky,* 1868.
— *Eugène Piot,* par Fr. Lenormant, 1870.

---

# DISCOURS

PRONONCÉ AUX OBSÈQUES

DE

## CHARLES-ANDRÉ-JOSEPH PARAVEY

(20 octobre 1877)

Un long âge est une faveur qu'il faut payer cher. Le vieillard est condamné à mener le deuil de ses amis, de ses amis le plus tendrement chéris, puisqu'une longue vie a prolongé l'épreuve de leurs belles qualités. Depuis plus de soixante ans, dès les premières classes du collège, avait commencé entre Paravey et moi une amitié qui a été ici-bas un de mes plus grands bonheurs.

Charles-André-Joseph Paravey naquit à Coblentz, alors chef-lieu du département de Rhin-et-Moselle, le 22 mars 1801. Son père était de Gray. Au sortir de la rhétorique, il était parti comme volontaire dans le premier bataillon de la Haute-Saône, et avait fait les

quatre premières campagnes de la guerre de la Révolution ; il était adjoint aux adjudants généraux, et
sous les ordres immédiats du général Desaix. Après
la paix, il quitta le service militaire. Établi à Coblentz
en 1799, il s'y livra au commerce et aux entreprises
de travaux publics. Le plus considérable qu'il ait
exécuté est la route de Coblentz à Mayence qui longe
le Rhin, ouvrage immense, qui présentait de très-sérieuses difficultés. En 1807, il vint résider à Mayence,
où il exécuta plusieurs autres travaux publics d'une
importance capitale. Il avait acquis dans cette ville
une grande considération, et, en 1813, il fut nommé
commandant de la garde nationale. Après la chute
de l'Empire, il amena sa famille à Paris, où il fonda
une maison de banque. Déjà, depuis cinq ans,
Charles Paravey était élève à Sainte-Barbe, et suivait les cours du lycée impérial (Louis-le-Grand).
De 1811 à 1818 il parcourut d'une manière brillante
la carrière des études. Il était la gloire de Sainte-
Barbe et de Louis-le-Grand, qui l'opposaient avec
orgueil aux nobles rivaux de Henri IV et de Charle-
magne. Les fastes universitaires attestent l'éclat et
la constance de ses succès. Il tenait parmi ses cama-
rades ce haut rang que relève leur naturelle déférence.

Au sortir du collège, il suivit les cours de l'École
de droit où il fit de très-sérieuses études. En même
temps il se livrait avec un goût tout particulier à la
philosophie. Précisément à cette époque, Victor Cousin, l'élève et le continuateur de Royer-Collard, com-
mençait à la Sorbonne des cours qui établirent rapi-

dement sa réputation. Ces cours passionnaient la jeunesse. Je me rappelle que, dans la belle saison, on voyait au Luxembourg des bandes de jeunes philosophes qui commentaient vivement les leçons du maître. Il y avait là bien des noms qui sont devenus célèbres. Paravey, qui avait aux yeux du professeur le mérite d'avoir déjà introduit sa doctrine dans la classe de philosophie de Louis-le-Grand, devint son disciple favori : je parle de la première génération de ses disciples.

Alors les idées libérales, une grande nouveauté pour les enfants de l'Empire, fermentaient dans les têtes de la jeunesse. Elle suivait avec un vif intérêt les discussions des Chambres ; la presse fit beaucoup de nouvelles et utiles recrues. Le règne de Charles X fut un point d'arrêt dans le développement de nos institutions. Quand les tendances du pouvoir devinrent plus menaçantes, des hommes appartenant à l'une des deux Chambres réunirent des publicistes, des légistes, des littérateurs pour fonder une société de propagande constitutionnelle, la Société *Aide-toi, le ciel t'aidera*, qui contribua beaucoup à l'éducation politique de cette époque. Les Guizot, les Victor de Broglie en étaient les chefs. Paravey, comme la plupart de ses amis, en faisait partie. Plusieurs réunions, pour organiser cette Société et dresser le programme de ses travaux, furent tenues dans les salons de son père. Des amis anciens et éprouvés de la légitimité, tels que Royer-Collard et Chateaubriand, avaient vu ces mêmes dangers et s'étaient crus obligés de descendre dans la même lice.

Après la révolution de juillet, Paravey, longuement

préparé par ses études, put entrer dans la carrière administrative. L'Algérie, cette glorieuse conquête de la Restauration, n'était pas organisée. Il fut proposé au maréchal Soult, ministre de la guerre, qui jugea, après mûr examen, qu'il trouverait en lui un aide selon ses vues, c'est-à-dire capable et laborieux. Paravey fut nommé directeur du Bureau d'Alger. Il remplit pendant plusieurs années ces fonctions avec autant d'ardeur que d'intelligence. Il les quitta, à son grand regret. lorsque le ministère fut changé. Déjà auditeur au Conseil d'État, il fut nommé maître des requêtes.

En 1834 eut lieu l'évènement capital de sa vie. Un homme d'affaires opulent, qui avait su l'apprécier avec un tact assez rare, lui donna la main de sa fille, c'est-à-dire d'une femme dont l'intelligence égalait l'affection et le dévouement. Cette union lui apporta pendant près de quarante années une félicité qui malheureusement fut troublée par la perte de plusieurs enfants. En 1848, les fortunes furent ébranlées, les grandes fortunes plus que les autres. Le gendre reconnaissant eut la joie de trouver dans cette terrible crise des ressources obtenues exceptionnellement par la grande estime dont il jouissait.

Lors de la révolution de février, Paravey était conseiller d'État. Il regardait ces fonctions comme la couronne de sa vie. Il était considéré par ses anciens, accueilli même par Cuvier. Il s'acquittait envers ses maîtres par une haute estime, une grande déférence. Jamais homme ne reconnut avec plus de modestie la supériorité. Peu de temps après, l'Empire vint briser sa carrière. Quoiqu'il figurât, sans avoir été consulté, sur la nouvelle liste du Conseil d'État, il ne crut pas pouvoir accepter une pareille distinction, et il conserva un souvenir fidèle aux exilés qu'il avait servis. Son aptitude reconnue lui fit trouver une belle position dans l'industrie.

Après cette époque, il paya de douloureux tributs à la condition humaine. En 1868 il perdit son frère puîné, un frère chéri, dont plus que tout autre j'ai pu apprécier les solides et les aimables qualités. Un malheur plus grand encore vint le frapper en 1871 : il perdit cette épouse bien-aimée qui, pendant près de quarante ans, avait partagé ses joies et ses peines, une épouse d'un jugement si sûr que, dans les affaires graves, il ne se passait jamais de ses conseils. Cette perte cruelle lui laissa au cœur une blessure toujours saignante.

Mais le ciel lui réservait une grande consolation! Peu de temps après, il maria sa fille à un homme qui s'était déjà fait un nom dans la science médicale, et dans lequel il trouvait ces qualités du cœur qu'il appréciait par-dessus tout. Ce n'était pas seulement un gendre qu'il trouva, mais le fils le plus affectueux et le plus dévoué. L'éloge de ce fils était le sujet favori de ses épanchements intimes.

Paravey aimait, par une touchante tradition, la vie de famille. A mesure qu'il avançait en âge, il devenait un centre où son monde aboutissait. Conseils, démarches, générosités, il se donnait à chacun suivant le besoin. Aussi quel trésor d'affection lui rapportait une assistance si précieuse! Et ces services empressés n'étaient pas seulement à la disposition des siens. Toute position intéressante obtenait son appui. La maison de Sainte-Barbe, fort éprouvée par la révolution de 1830, ne dut son salut qu'au concours de ses enfants. Une société d'anciens élèves fut formée; un capital important fut réuni, et le vieux collège de Sainte-Barbe, âgé de quatre siècles, put continuer avec dignité sa longue existence. Paravey fut un de ceux qui contribuèrent le plus à cette œuvre de piété filiale. Il n'a jamais compté ce qu'il y a consacré de sa bourse et de son temps. L'administration de Sainte-Barbe conserve comme un de ses plus chers souvenirs la coopération de Charles Paravey aux mesures qui ont sauvé cet établissement de la ruine, et elle m'a chargé de consigner ici le témoignage de sa profonde reconnaissance.

La modération fut une de ses qualités saillantes. La politique provoquait bien des conversations animées, trop souvent violentes. Malgré de fermes convictions, il ne sortait jamais de la mesure. Et dans le monde, s'il trouvait quelque action blâmable, jamais son blâme n'avait rien d'acerbe. Dans les causeries de salons, son esprit n'était pas tourné à décocher un trait malin. En un mot, il était bienveillant. Faut-il ajouter qu'il portait au plus haut point la loyauté, la droiture, l'équité? Il était un modèle de vertu dans toutes les acceptions du mot.

La Providence lui imposa de grands devoirs : il les accomplit avec simplicité, avec un courage invincible, mais non pas sans fatigue. Outre ses occupations régulières, il eut à faire de longues liquidations, à donner ses conseils et ses soins à des partages de familles, à rédiger des rapports dans des affaires où il n'était qu'un seul des intéressés. Ainsi se dépensaient les instants d'une vie précieuse. Cette dure nécessité l'affligeait, mais il ne cherchait pas à alléger sa tâche.

Paravey aimait les lettres et les arts avec passion. Il déplorait souvent que les affaires ne lui laissassent pas de temps pour cette douce diversion. Il regrettait surtout l'interdiction presque entière des lettres anciennes. Horace seul faisait exception : de même qu'Alexandre voulait trouver toujours les œuvres d'Homère sous son chevet, Paravey avait toujours son Horace dans sa poche. La peinture et la sculpture lui présentaient des plaisirs plus faciles. L'amour sincère des arts conduit à l'amour des artistes. Des maîtres illustres de notre temps, Ingres, Delacroix, Hippolyte Flandrin, Amaury Duval, trouvaient dans Paravey un de ces amateurs éclairés, parfois enthousiastes, dont le jugement leur apporte la plus douce récompense. Il aimait aussi les antiquités; il avait tous les catalogues et, quand il le pouvait, il assistait aux ventes. La collection qu'il avait formée renferme des vases et des monnaies bien enviés par des collectionneurs, quelquefois des rivaux malheureux. Pauvre ami, qui n'a pas eu le loisir de classer et d'installer ses vases et ses bronzes, afin d'en jouir et d'en faire jouir les autres !

Il n'est pas de vie plus remplie par le travail, mais plus stérile pour la postérité. Paravey ne laisse pas

un livre, pas une brochure qui puisse rappeler son
nom. Ce m'est un amer regret qu'un esprit aussi distingué n'ait pas laissé sa trace, comme l'ont fait ceux
de son temps et de sa société qui ont marqué dans
leur carrière, tels que Montalivet, Duchâtel, Duver-
gier de Hauranne, Charles Rémusat, Paul Dubois,
Jouffroy, Saint-Marc Girardin, Littré, Eugène Bur-
nouf, Vitet, Ampère, et d'autres encore. Il sentait
qu'il aurait pu, lui aussi, transmettre quelque chose
à l'histoire, sans les soins impérieux qui l'ont absorbé.

Charles Paravey a succombé à une longue maladie,
e 17 octobre 1877, à l'âge de soixante-seize ans. Jusqu'alors il avait conservé presque entières ses belles
facultés. Il s'est éteint peu à peu; malgré son affais-
sement physique, son cœur tendre se révélait encore.
Il prévoyait sa fin ; il y était préparé. C'est la gloire
de Victor Cousin d'avoir prêché dans sa chaire la
doctrine spiritualiste, et de l'avoir imposée par son
éloquence. Soutenue par plusieurs de ses brillants
élèves, elle a produit des ouvrages remarquables. Sur
ce point Charles Paravey ne pouvait être que le fidèle
disciple de son maître. Mais, quand il fut arrivé à
l'âge mûr, cette solution de la philosophie antique
ne lui suffit plus. Il désira un point d'appui plus
solide, une sanction supérieure. Il trouva dans la
religion catholique ce complément qu'il cherchait.
Il partagea la foi d'une tendre épouse, et cette foi,
le réunissant plus intimement encore à sa famille,
lui procura le repos d'esprit sur la terre et rendit
moins pénible pour lui et pour les siens le moment
de la séparation.

Adieu, ami bien cher de mon adolescence, de ma jeunesse, de ma vieillesse ! Pour dernière parole, je dépose sur ta tombe un témoignage qui n'étonnera aucun de ceux qui m'écoutent : je n'ai jamais connu un homme meilleur !

**L. QUICHERAT,**

Membre de l'Institut,
Officier de la Légion d'honneur.

# DESCRIPTION

DE LA

# COLLECTION D'ANTIQUITÉS

DE FEU

M. CHARLES PARAVEY

ANCIEN CONSEILLER D'ÉTAT

---

## VASES PEINTS

—

### VASES DE STYLE ORIENTAL

1. — Petite *amphore*.

Bordure d'animaux, trois panthères, deux boucs et une oie.

Haut., 17 centimètres.

2. — Petit vase à une anse, avec ornements grâvés à la pointe en forme d'écailles.

Haut., 13 centimètres.

3. — Petit *lécythos*.

Trois animaux, une génisse, un bouc et une panthère.

Haut., 6 centimètres.

4. — *Aryballos.*

Deux sphinx accroupis, au milieu un oiseau qui vole.

Haut., 13 centimètres.


## VASES ET COUPES A PEINTURES NOIRES

### SUR FOND JAUNE


5. — *Lécythos.* — (Vulci.)

Gigantomachie dans laquelle figure *Jupiter* suivi d'*Hercule* et de *Minerve*, combattant contre deux géants, *Alcyonée* et *Porphyrion*. Les deux adversaires des dieux de l'Olympe sont représentés comme deux hoplites ; l'un est renversé par terre aux pieds de *Jupiter*. Leurs boucliers argiens ont pour épisèmes, l'un un trépied, l'autre une tête de taureau. *Jupiter* est barbu ; il retourne la tête vers *Hercule*. Sa main droite tient un sceptre et la gauche le foudre ; une chlamyde couvre ses épaules et flotte sur ses deux bras. *Hercule* est barbu, couvert de la peau de lion et armé d'une épée qu'il tient de la main droite, tandis que de la gauche il porte un arc ; le carquois est suspendu sur son dos. A la suite d'*Hercule* paraît *Minerve*, armée d'un casque, de la lance et de l'égide à écailles qui couvre sa poitrine par-dessus la tunique talaire.

Haut., 22 centimètres.

*Catal. Durand*, n° 1. Paris, 1836. — Ce lécythos, acheté à la vente Durand par Raoul-Rochette, a été acquis par feu M. Paravey à la vente du savant archéologue en 1855. *Catal. Raoul-Rochette,* n° 43. Paris, 1855.

**6. — *Amphorisque*.**

*Apollon* citharède debout à droite vêtu d'une longue tunique parsemée de fleurs et d'un petit manteau, entre deux déesses avec vêtements brodés, tuniques talaires et péplos ; celle qui est placée à gauche tient des branches de lierre.

*Revers.* — *Bacchus* barbu à droite, tenant un canthare et un cep de vigne, et *Ariadne* à droite, retournant la tête à gauche et tenant un cep de vigne. Le dieu est vêtu d'une longue tunique et d'un manteau ; sa compagne a aussi une tunique talaire et un péplos ; tous les vêtements sont brodés.

Haut., 19 centimètres.

**7. — *Cylix*. — (Vulci.)**

*Ext.* — *Bacchus* et *Ariadne*. Le dieu est barbu, couronné de lierre et vêtu d'une tunique blanche qui descend jusqu'aux pieds et d'un manteau de pourpre ; il tient de la main gauche le céras. *Ariadne* est voilée et présente une couronne à *Bacchus*. A droite sont deux *satyres* ithyphalliques et une *ménade* ; à gauche deux *ménades* et un *satyre* ithyphallique. Ces six acolytes dansent et font des gestes très-animés.

*Rev.* — Combat entre quatre hoplites et deux cavaliers. Trois des boucliers argiens sont visibles à l'extérieur, et portent pour épisèmes un coq, un astre et un griffon.

Les moindres détails de cette peinture sont exécutés avec la plus grande finesse.

Haut., 14 centimètres. Diam., 24 centimètres.

*Catal. étrusque*, n° 41. — *Catal. Beugnot*, n° 21.

**8. — *Cylix*. — (Camiros.)**

*Ext.* danse de quatre *satyres* et d'une femme,
sujet répété des deux côtés.

Haut., 8 centimètres. Diam., 14 centimètres.

**9. — *Tasse à deux anses*. — (Vulci.)**

Un homme nu et barbu tenant une branche de
lierre et qui, à cause de cet attribut, peut recevoir
le nom de *Cissos* (κισσός, lierre). Il est précédé
d'une jeune fille (*Hébé*) vêtue d'une tunique talaire
richement brodée et qui tient une coupe à deux
anses et une couronne. Un éphèbe (*Cyathos*) vêtu
d'une chlamyde et tenant une œnochoé, verse le
vin dans la coupe tenue par la jeune fille.

*Rev.* — Un éphèbe tenant une couronne et of-
frant une lyre à une jeune fille qui tient une branche de lierre; à gauche est placé un second
éphèbe qui fait un geste de surprise.

Haut., 10 centimètres.

Décrit dans mon *Catal. étrusque*, n° 102, où, d'a-
près l'opinion de Ch. Lenormant, nous avons cru
voir dans ce sujet une scène des *Cissotomies*, fête
célébrée chez les Phliasiens. — Nonn. *Dionys.*,
XII, 97.— Pausan., II, 13, 3.

**10. — *Tasse sans anses*. — (Vulci.)**

*Silène* amené les mains liées derrière le dos
à *Midas* (1). Le roi de Phrygie est assis sur un
ocladias; il est barbu et vêtu d'une tunique talaire et d'un manteau; il tient un sceptre dans la
main gauche, et témoigne par son geste et l'expression de sa physionomie le plaisir que lui cause
l'arrivée de *Silène*. Celui-ci retourne la tête en
arrière vers le garde de *Midas* qui le tient enchaîné
et qui est vêtu d'une tunique courte recouverte

d'une nébride ; il tient une lance ; une épée est suspendue à son côté ; ses pieds sont chaussés de bottines. Un autre garde, armé de deux lances et vêtu d'une tunique courte, marche derrière celui qui amène *Silène*. En arrière de *Midas* sont une femme (*Omphale*) (2) vêtue d'une tunique talaire et armée d'un javelot, un éphèbe nu armé d'une lance et un autre éphèbe drapé, également armé d'une lance. Ces deux derniers personnages sont sans doute encore deux gardes du roi *Midas*.

Haut., 9 centimètres.

*Catal. Durand*, n° 261.

(1) Serv. *ad* Virg. *Eclog.*, VI, 13 et *ad Æn.*, X, 142.
(2) Suivant une tradition conservée par Athénée (XII, p. 516, B), la femme de Midas aurait porté le nom d'*Omphale*.


11. — *Amphorisque.* — (Vulci.)

*Pandarée* vient de voler le chien gardien de l'île de Crète, et l'emmène enchaîné (1). A droite est placée *Junon*, à gauche *Neptune*, divinités qui favorisent son entreprise. *Pandarée* est armé d'un casque, d'une épée et de cnémides, et se retourne vers *Neptune* en levant la main droite; de la gauche, il tient une couronne et la chaîne attachée au cou du chien de Jupiter. *Neptune* est barbu, vêtu d'une longue tunique brodée et d'un manteau; il a pour attribut le trident, qu'il tient de la main gauche. *Junon* (2) est coiffée d'un modius, sa longue tunique est parsemée d'étoiles, de la main droite elle tient une lance et de la gauche une couronne.

*Rev.* — *Mercure* suivi de *Bacchus* et d'*Apollon*. *Mercure* est barbu et coiffé du pétase; il est vêtu d'une tunique courte brodée et d'une chlamyde ; ses pieds sont chaussés de bottines. Le dieu a pour attribut le caducée et lève la main droite en détournant la tête vers *Bacchus*. Celui-ci est barbu, vêtu d'une longue tunique brodée et d'un manteau ; sa tête est couronnée de lierre ; ses attributs sont un canthare et une longue branche de lierre. *Apollon* est nu et légèrement barbu ; une chlamyde est suspendue sur ses deux bras ; ses cheveux longs descendent sur ses épaules. Dans la main gauche, le dieu tient un javelot ; sa main droite est levée.

Haut., 24 centimètres.

*Catal. Durand*, n° 262. — Cette ingénieuse explication est de Ch. Lenormant. Les figures, d'un dessin fin et soigné, sont rehaussées de teintes blanches et violettes (1).

(1) Anton. Lib. *Metam.*, XXXVI. — Cf. Schol. *ad* Pind. *Olymp.*, I, 97.

(2) Voyez les médailles de Cnosse (Mionnet, t. II, p. 268).

(3) Ce charmant vase, trouvé dans les fouilles de Campanari, en 1832, avait été acheté à la vente Durand par Révil, et c'est après la mort de cet amateur que feu M. Paravey en avait fait l'acquisition. Ce vase n'est pas décrit dans le *Catalogue Révil*.

## 12. — *Amphorisque*. — (Grande-Grèce.)

Combat d'*Hercule* et de *Cycnus*. Le héros a la tête couverte de la peau de lion ; il est armé d'un bouclier béotien et attaque son adversaire avec sa lance.

*Cycnus*, renversé aux pieds d'Hercule, est armé de toutes pièces ; sur son bouclier argien est peint un lièvre.

Au-dessus de ce combat on voit un aigle, qui enlève un serpent.

Inscriptions illisibles.

*Rev.* — *Pallas* combattant, à droite. La déesse vêtue d'une tunique talaire, est armée du casque, de l'égide et de la lance. *Mars* en hoplite tourne

le dos à la déesse et combat à gauche. L'épisème
de son bouclier est un serpent.

Ce sujet se rapporte sans doute à la Gigantomachie.

Haut., 19 centimètres.

*Catal. Castellani*, n° 27.

13. — *Hydrie*. — (Vulci.)

*Hercule* luttant avec *Nérée*. *Hercule*, barbu et
couvert de la peau de lion, est à cheval sur le
monstre marin et le presse entre ses bras. *Nérée*
ou *Triton* est barbu et figuré avec une longue queue
de poisson. Dans le champ, on voit un oiseau qui
vole (1).

Au-dessus de ce tableau est une petite frise dans
laquelle est représenté un combat entre quatre
hoplites. Trois ont des boucliers argiens, et le quatrième un bouclier béotien. On remarque quatre
globules comme épisème d'un des boucliers argiens.

Haut., 33 centimètres.

*Catal. Beugnot*, n° 31.

(1) Cet oiseau pourrait figurer l'âme du monstre marin, peut-
être n'est-ce qu'un oiseau de mer, tel qu'un alcyon. Cf. mon
*Cat. étrusque*, n° 139, et *Nouvelles Ann. de l'Inst. arch.*, t. II,
p. 118.

14. — *Amphorisque*. — (Vulci.)

*Hercule*, barbu, vêtu de la peau de lion et armé
d'une épée, combattant contre deux *Amazones* vêtues de tuniques courtes et armées de casques, de
lances et de boucliers argiens ; les épisèmes de ces
boucliers sont une guirlande de lierre et un trépied.

*Rev.* — Un hoplite entre deux éphèbes drapés,

appuyés sur leurs sceptres. L'épisème du bouclier argien de l'hoplite est une tête de panthère.

Haut., 19 centimètres.

*Catal. Durand,* n° 291.

15. — *Amphorisque.*

*Hercule,* la tête couverte de la peau de lion, menace de son épée le centaure *Nessos,* en présence de *Déjanire* et de son père *OEnée,* représenté avec des cheveux blancs et tenant un sceptre.

*Rev.* — Deux héros, armés de toutes pièces, assis sur des cubes et jouant aux dés. Dans le champ vole un oiseau.

Haut., 22 centimètres.

*Catal. Raoul-Rochette,* n° 83.

16. — *Lécythos.*

Combat d'un *centaure* contre un *lapithe.*

Haut., 24 centimètres.

17. — *Cylix.*

*Ext.* — *OEdipe* et le sphinx.
*Rev.* — Deux sphinx.
Peintures très-fines.

Haut., 5 centimètres. Diam., 13 centimètres.

18. — *OEnochoé.*

Les trois déesses, *Vénus, Minerve* et *Junon,* conduites par *Mercure* et par *Páris.* Ce dernier, vêtu d'une chlamyde, est barbu et retourne la tête vers *Mercure,* qui est également barbu et a pour attribut le caducée. Près de lui est un chien. *Minerve* est casquée ; les deux autres déesses n'ont d'autre attribut qu'un long sceptre.

Haut., 19 centimètres.

*Catal. Raoul-Rochette,* n° 96.

19. — *Amphore.* — (Vulci.)

*Clytemnestre,* vêtue d'une tunique talaire brodée et d'un péplos également brodé qui voile sa tête, est assise sur un trône dont le dossier se termine par une tête de cygne ; les pieds du trône reposent sur des griffes de lion ; une panthère (1) à gauche, et qui se retourne à droite, est placée sur la traverse qui lie les pieds du trône ; une petite galerie, soutenue par des colonnettes doriques, règne autour. *Clytemnestre* porte la main droite en avant, et, de la gauche, tirant son péplos, elle tient une couronne et une fleur à trois pétales qui se recourbe en hélice. Le costume de *Clytemnestre* convient parfaitement à une jeune mariée. Ceci nous engage à donner le nom d'*Agamemnon* au personnage, vêtu d'une riche tunique et d'un manteau brodé, qui se tient en avant du trône de *Clytemnestre.* Le roi est debout, la tête ceinte du diadème ; il s'adresse, en levant la main gauche, à un éphèbe placé en regard avec lui et qui fait le même geste de la main droite. Cet éphèbe est placé en pendant avec un second éphèbe qui se tient debout derrière le trône de *Clytemnestre.* On ne peut guère hésiter à reconnaître dans ces personnages les *Dioscures,* frères de *Clytemnestre.* Tous deux sont imberbes et nus ; ils n'ont, pour tout vêtement, qu'une chlamyde posée sur les épaules. Près de celui qui parle à *Agamemnon,* est un chien laconien qui regarde son maître (2). Un troisième éphèbe, entièrement nu, est placé derrière l'autre *Dioscure*. Ce n'est probablement qu'un simple suivant, si toutefois on ne doit pas reconnaître, dans cet éphèbe, le *paranymphe*, peut-être même *Égisthe*. Dans le champ, sont suspendues des draperies et des bandelettes.

*Rev.* — Réunion de héros, dans laquelle on peut reconnaître la dispute d'*Achille* avec *Agamemnon*. Une inscription, tracée en caractères très-fins, et pour ainsi dire illisibles, se remarque au-dessus de la tête d'un des personnages. Cette inscription ne semble offrir aucun sens; on pourrait y trouver toutefois les éléments du nom AXILLEVS, *Achille*; mais rien n'est moins certain. Le héros thessalien est imberbe, vêtu d'une chlamyde brodée et armé d'une lance. Il lève la main droite et se retourne vivement à gauche vers deux hommes barbus qui semblent lui faire des observations. Dans le premier, nous reconnaissons *Chrysès*, et dans le second *Agamemnon*, distingué par le sceptre ou la lance qu'il porte. Du reste, l'un et l'autre ont un costume à peu près pareil, consistant en une longue tunique et un manteau richement brodés. Un lièvre (3) est suspendu derrière *Agamemnon*. A droite, de l'autre côté d'*Achille*, sont deux autres personnages barbus. Le premier, revêtu d'une simple chlamyde brodée, sera *Phœnix*, reconnaissable à sa barbe et à ses cheveux teints en rouge violacé; peut-être, cependant, ne doit-on voir dans ce personnage que le héraut *Talthybios*, ou peut-être *Épéos*. Il se retourne vers *Achille* en faisant un geste des deux mains. Le second personnage, placé en parallèle avec *Agamemnon* et absolument vêtu comme ce roi, sera *Ménélas*; il porte également une lance. Dans le champ, sont suspendues des draperies.

Haut., 43 centimètres.

*Catal. Beugnot,* n° 50.

(1) Voyez mon *Cat. étrusque,* n° 135. — *Clytemnestre* était figurée sous la forme d'une panthère sur le trône de l'Apollon Amycléen, Pausan., III, 18, 8. — Cf. Panofka, *Mus. Bartold.,* p. 79. — Duc de Luynes, *Ann. de l'Inst. archéol.,* t. I, 1829, p. 281.

(2) Cf. le fameux vase du Musée Grégorien publié par l'*Institut archéologique, Mon. inéd.,* t. II, pl. XXII. Là Pollux caresse un chien.

(3) Dans l'*Iliade* (A, 225), Achille, en se répandant en injures contre Agamemnon, lui reproche d'avoir le cœur d'un cerf ou d'une biche. Le lièvre indiquerait ici la peur. — Cf. un vase représentant *Persée* poursuivi par les deux Gorgones *Sthéno* et *Euryale* ; au-dessus est peint un lièvre fuyant devant deux loups. — Panofka, *Mus. Bartold.,* p. 78. — Gerhard, *Berlin's ant. Bildw.,* n° 1033.—Levezow, *Gorgonen Ideal,* pl. II, 24, p. 61.

## 20. — *Lécythos.* — (Grande-Gréce.)

*Achille* et *Automédon,* montés dans un quadrige auquel est attaché le corps d'*Hector,* traîné dans la poussière. Le fils de Thétis est barbu et armé de toutes pièces ; il tient deux javelots ; son bouclier argien a pour épisème un scorpion. *Automédon* est également barbu, armé d'un casque et d'un fouet ; il tient les rênes. *Hector* est attaché par les pieds, et couché sur le dos, la tête et les bras traînant à terre. Un tertre peint en blanc, et sur lequel on voit une petite figure de guerrier accroupi et armé, est en arrière d'*Hector* ; c'est le tombeau (σῆμα) avec l'ombre (εἴδωλον) de *Patrocle* (1).

Deux guerriers troyens armés de toutes pièces ; l'un porte un bouclier argien orné d'une tête de taureau, l'autre un bouclier béotien ; tous les deux s'enfuient rapidement dans le sens opposé au char d'Achille. L'un est devant les chevaux, l'autre les a déjà dépassés (2).

Haut., 19 centimètres.

*Cat. Durand*, n° 388.

(1) Voy. *Catal. du prince de Canino*, n° 527, p. 54. — Cf. Raoul-Rochette, *Mon. inéd. Odyss.*, p. 281, note 1.
(2) Raoul-Rochette, *Mon. inéd.*, pl. xviii, 1, p. 86 et suiv.

21. — *Amphore*. — (Vulci.)

*Ajax* emporte sur ses épaules le corps d'*Achille*.
Le bouclier du premier de ces héros est orné de
deux serpents, celui du fils de Thétis de trois globules; ces boucliers sont l'un et l'autre de forme
béotienne. En avant de ce groupe est une femme,
peut-être *Thétis* qui s'éloigne en retournant la
tête; elle est vêtue d'une longue tunique qu'elle
• relève de la main gauche. Une stéphane rayonnée
orne sa tête. Derrière ces trois personnages est
un archer phrygien qui s'enfuit; il se retourne tout
en paraissant saisi de frayeur, et tient son arc de
la main gauche; une tunique courte et un grand
carquois complètent son équipement.

*Rev.* — Trois guerriers armés de boucliers
argiens emmènent une femme voilée; les emblè-
mes des trois boucliers sont trois globules, un
dauphin et un serpent. Deux de ces guerriers se
retournent vers la femme en marchant devant
elle.

Haut., 31 centimètres.

*Catal. Durand*, n° 405.

22. — *Amphorisque* à anses plates.

Deux cavaliers à droite, l'un nu, l'autre vêtus
d'une tunique courte de couleur blanche; devant
les chevaux, à droite, un éphèbe nu et deux person-

nages drapés ; derrière, à gauche, un éphébe nu et deux personnages drapés.

*Rev.* — Le même sujet, si ce n'est que les deux cavaliers sont vêtus de tuniques blanches. Au-dessous d'une des anses on lit : NIKOSΘENES ΕΠΟΙΕΣΕΝ (1).

Haut., 30 centimètres.

(1) On connaît un grand nombre de vases qui portent la signature de Nicosthène. M. H. Brunn (*Geschichte der griechischen Künstler*, t. II, p. 708 et suiv.) donne la description de 51 vases, avec cette signature, la plupart à peintures noires.

23. — *Tasse à une anse.* — (Vulci.)

Un pâtre, accompagné de deux chiens, conduit un troupeau de quinze chèvres ; les unes au nombre de cinq sont blanches, les autres sont noires. ΘΕΟΙΟΤΟΣ ΜΕΠΟΕΣΕΝ (*sic*) (1).

Haut., 9 centimètres.

*Catal. Durand,* n° 884.

(1) Le nom du céramiste *Théozotos* n'est connu d'une manière certaine que par ce vase. Voy. H. Brunn, *Geschichte der griechischen Künstler*, t. II, p. 736. — Ce charmant vase a été publié dans l'*Élite des monum. céram.*, t. III, pl. LXXXIV. — Cf. mon travail sur les *Noms des fabricants et dessinateurs de vases peints*, p. 78.

24. — *Amphorisque.*

Quadrige vu de face et monté par un aurige, coiffé du pétase et vêtu d'une tunique talaire. Le pétase et la tunique sont blancs.

*Rev.* — Deux cavaliers vus de face, l'un barbu, coiffé d'un pétase ; l'autre imberbe, ayant la tête nue. Tous deux sont armés de lances.

Haut., 28 centimètres.

*Catal. Castellani,* n° 38.

25. — *Œnochoé.*

Quadrige à droite, auquel on attèle les chevaux.
Trois éphèbes sont occupés de cet attelage.

Haut., 20 centimètres.

*Catal. Durand*, n° 736.

26. — *Olpé.*

Hoplite accompagné d'un chien entre deux
hommes drapés, debout, tenant chacun une lance.
L'épisème du bouclier argien que porte l'hoplite est un astre.

Haut., 15 centimètres.

27. — *Scyphos.*

Archer, debout, tenant un arc et une bipenne
entre deux grands yeux; de chaque côté un coq.

Haut., 8 centimètres.

28. — *Œnochoé.*

Un cavalier tenant deux lances; à droite, un
vieillard à cheveux et barbe blancs assis tenant un
sceptre; à gauche, un homme barbu drapé tenant
deux lances.

Haut., 21 centimètres.

29. — *Scyphos*, en forme de sein.

Combat de trois hoplites; deux sont armés de
boucliers argiens décorés d'étoiles. De chaque
côté, un héraut drapé tenant une lance.
*Rev.* — Combat de deux guerriers en présence
de deux hérauts. Sous une des anses, une sirène.

Haut., 9 centimètres. Diam., 15 centimètres.

*Catal. Durand*, n° 845.

**3o. — *Scyphos*. — (Vulci.)**

Deux guerriers barbus, armés de toutes pièces,
combattant avec la lance; leurs boucliers échan-
crés, de forme béotienne, ont pour épisèmes, l'un
des globules, l'autre une tête de taureau. A leurs
pieds est étendu un guerrier (sans doute un aurige),
vêtu d'une tunique blanche; son bouclier argien
a pour emblème un trépied. De chaque côté de ce
groupe est un quadrige dont les écuyers sont
armés de boucliers argiens, l'un peint en noir,
l'autre en blanc. Dans le champ des branches de
lierre.

Haut., 15 centimètres.

*Catal. Durand, n° 397.*

**31. — *Scyphos*.**

Femme montant dans un quadrige, de chaque
côté, un grand œil. De chaque côté de l'anse un
hoplite armé d'un bouclier béotien. Les teintes
blanches sont retouchées.

Haut , 8 centimètres.

## VASES A PEINTURES NOIRES

### SUR FOND BLANC

**32. — *Lécythos*. — (Grande-Grèce.)**

*Isménè* puise de l'eau à la fontaine. La jeune
fille est vêtue d'une tunique talaire et vient de
placer l'hydrie devant le masque de lion d'où
s'échappe l'eau. Au-dessus du rocher d'où jaillit
la source est posé un corbeau. Un serpent peint
en violet rampe le long du rocher. Un arbre est

derrière la fontaine. *Tydée* armé de toutes pièces se tient accroupi à l'ombre de ses branches (1).

Haut., 30 centimètres.

*Catal. Castellani*, n° 34.

(1) Voyez, sur ces sortes de sujets, ce que j'ai dit dans mon *Catal. étrusque*, n° 122, note. Les sujets d'Achille et d'Hémithéa, d'Achille et de Polyxène, sont figurés à peu près de la même manière.

33. — *OEnochoé*.

*Énée*, portant son père *Anchise* sur ses épaules, suivi de *Créuse* et précédé de deux guerriers troyens qui courent, l'un armé de toutes pièces, l'autre coiffé du bonnet phrygien et armé d'une hache. *Créuse* est vêtue d'une tunique talaire et d'un péplos et lève la main.

A l'extrêmité supérieure de l'anse est un buste de femme en relief tenant le goulot des deux mains.

Haut., 25 centimètres.

*Catal. Durand*, n° 413. — *Catal. Beugnot*, n° 55. — Cf. Raoul-Rochette, *Mon. inéd.*, pl. LVIII, 2.

34. — *OEnochoé*.

Quadrige au galop, à droite, guidé par un aurige vêtu d'une tunique talaire; un hoplite court à côté des chevaux; derrière le quadrige, un hoplite qui s'éloigne en retournant la tête à droite.

Haut., 21 centimètres.

35. — *Lécythos*.

Un pédotribe barbu et drapé, tenant une baguette fourchue et un tibicine, vêtu d'une tuni-

que talaire. De chaque côté un athlète nu et barbu
tenant des baguettes.

Inscription illisible.

Haut., 23 centimètres.

*Catal. étrusque*, n° 168.

## 36. — *Scyphos*.

Un *satyre* ithyphallique poursuivant une femme ;
de chaque côté un grand œil et un autre *satyre*.

Haut., 8 centimètres.

*Catal. Louis Fould*, n° 1371.

## 37. — *Petit plat*.

*Bacchus*, la tête baissée vers la terre, dansant
et tenant une lyre et une coupe. Une femme jouant
de la double flûte est debout devant le dieu. Les
deux personnages ont des tuniques richement bro-
dées. Dans le champ est suspendu un sac destiné
à renfermer les flûtes. Près de la femme est un
siège.

Cette peinture est d'un très-beau style.

*Catal. Fould*, n° 1395.

Diam., 21 centimètres.

## VASES A PEINTURES ROUGES

### SUR FOND NOIR

## 38. — *Amphore de Nola*.

*Jupiter et Sémélé*. Le souverain des dieux, la tête
ceinte d'une bandelette, la chlamyde en écharpe,
tient de la main gauche son sceptre ; la main droite,
armée du foudre, est tendue vers *Sémélé* qui s'enfuit

effrayée. La jeune Thébaine a la tête entourée d'un large bandeau.

*Revers.* — *Cadmos*, le père de Sémélé, barbu, drapé, le bras droit découvert, tourné à droite, s'appuie sur un bâton.

Haut., 35 centimètres.

Frœhner, *Cat. du Prince Napoléon*, n° 64.

39. — *Stamnos.*

*Jupiter* debout, drapé dans un ample manteau, et tenant le sceptre, confie le jeune *Bacchus* aux nymphes *Hyades*. L'une de ces nymphes est debout, et vient de recevoir le jeune enfant des mains du souverain des dieux ; l'autre est assise sous un portique d'ordre ionique et tient un thyrse. L'une et l'autre sont vêtues de tuniques talaires et par dessus d'un péplos.

*Revers.* — Trois *ménades* drapées ; l'une d'elles porte un thyrse.

Haut., 38 centimètres.

Ce beau vase rappelle l'hydrie de la collection de Luynes, aujourd'hui au Cabinet des médailles, où l'on voit les *Hyades*, Y A Δ E Σ, *Jupiter* et *Bacchus* jeune. *Monuments inédits publiés par la section française de l'Institut archéologique*, pl. ix et *Nouvelles annales*, t. I, p. 357 et suiv.

40. — *Lécythos.*

*Apollon* couronné de laurier, assis sur un siége à dossier et jouant de la lyre. Devant lui est suspendu un sac ; dans le champ on lit : HO ΠΑΙΣ ΚΑΛΟΣ.

Haut., 19 centimètres.

41. — *Stamnos.* — (Vulci.)

La dispute du trépied. *Hercule*, barbu, revêtu

de la peau de lion, emporte le trépied qu'il a saisi
de la main gauche, tandis qu'il lève de la droite
la massue en se retournant vers *Apollon*. Celui-ci,
représenté sous des formes juvéniles, n'est vêtu
que d'une simple chlamyde; sa tête est couronnée
de laurier; de la main droite, il saisit la massue
d'*Hercule,* et de la gauche, arrêtant le trépied, il
tient un arc et une flèche. Ses cheveux sont réunis
en touffe par derrière (κρόβυλος). Près d'*Apollon*
est la biche, et à la suite du dieu de Delphes, à
droite, se présente *Diane*, vêtue d'une tunique
talaire et d'un péplos; sa tête est ceinte d'une
stéphané radiée; dans sa main droite levée, la
déesse tient une fleur. A gauche, en avant d'*Hercule,* est *Minerve*, revêtue d'une double tunique et
d'un péplos, qui recouvre l'égide hérissée de serpents, et au milieu de laquelle est le *Gorgonium*.
Une stéphané entoure le front de la déesse. Dans
sa main droite est une lance, et dans sa gauche
un casque. Dans le champ est écrit le mot KALOS.

*Rev.* *Minerve* combat la *Gorgone*, tandis que *Persée*, en détournant la tête, tire l'épée du fourreau.
La déesse, dont les mouvements sont très-rapides,
est vêtue d'une tunique talaire et d'un péplos; elle
est armée d'un casque, d'une lance et d'un bouclier argien, qui a pour épisème le *triskèle*. La
*Gorgone*, vue de face, et dont la figure est hideuse,
la langue hors de la bouche, les cheveux hérissés
de serpents, est ailée. Elle est vêtue d'une double
tunique et d'un petit péplos. Dans chaque main
elle porte un serpent; deux autres serpents forment sa ceinture. *Persée*, placé à droite, derrière
*Minerve*, qui occupe le centre de la composition,
se détourne à droite à l'opposite de la *Gorgone*. Il
est imberbe, vêtu d'une tunique courte, et coiffé
du casque de Hadès; à ses pieds sont attachées
des talonnières ailées; la cibise est suspendue sur

son dos ; de la main droite, il tire l'épée du fourreau placé dans sa main gauche.

Sous le pied est tracée à la pointe l'inscription :
ΑΓΕ.

Haut., 37 centimètres.

*Cat. étrusque*, n° 87. — *Cat. Beugnot*, n° 34.

42. — *Hydrie brûlée*. — (Grande-Grèce.)

Cinq *Muses*. Dans le champ, les inscriptions :
[τε]ΡΨΙΧΟΡΑ , [θ]ΑΛΕΙΑ , ΚΑΛΛΙΟΓ [η], ΚΑΛΗ.
La cinquième *Muse* qui n'est pas accompagnée
d'une inscription, est coiffée d'un cécryphale et
enveloppée dans un ample péplos. *Terpsichore*
tient deux flûtes ; *Calliope* est assise et joue de la
lyre ; *Thalie* tient une lyre à sept cordes et une
cassette carrée ; enfin la muse désignée par l'épi-
thète de καλη, la *Belle*, fait le geste nuptial en
relevant un pli de son péplos. Un calathos et un
siège figurent comme accessoires dans cette composition.

Haut., 36 centimètres.

*Cat. Castellani*, n° 50.

43. — *Amphore de Nola*.

*Neptune* poursuivant *Amymone*. Le dieu est barbu et nu. Sa chlamyde retombe de ses épaules sur
ses bras ; dans sa main gauche est un sceptre.
La nymphe, vêtue d'une tunique talaire et d'un
péplos, se retourne en étendant la main droite vers
le dieu.

*Revers*. — Un homme barbu, *Danaos*, père d'*A-
mymone*, drapé et appuyé sur un bâton en forme
de béquille.

Haut., 33 centimètres.

*Cat. Durand*, n° 208.

Panofka (*Musée Blacas*, p. 6) a expliqué cette composition par *Neptune* et *Alcyone*. On pourrait reconnaître dans cette scène *Jupiter et Égine*, représentés avec leurs noms sur un *stamnos* du Musée du Vatican. *Museum etruscum Gregorianum*, t. II, pl. xx, 1. Toutefois, en publiant ce vase dans le tome III, pl. xx de l'*Élite des monuments céramographiques*, j'ai préféré reconnaître dans le dieu *Neptune*, à cause du caractère de la tête. De même j'ai cru devoir donner le nom de *Vulcain* au dieu qui poursuit une nymphe sur un autre vase de la collection Durand, n° 199, publié pl. L du tome I<sup>er</sup> de l'*Élite des monuments céramographiques*.

44. — *Aryballos*. — (Athènes ou Grande-Grèce.)

*Vénus*, vue presque de face, le buste nu, le bas du corps recouvert d'une tunique et d'un péplos de pourpre, est assise sur un autel carré, décoré d'une frise d'oves et d'une bande de rinceaux. La tête penchée, le bras appuyé sur l'autel, elle a l'air de souffrir de quelque chagrin. Derrière l'autel se dresse, sur une espèce de colonne ornée d'une frise d'oves, la statuette, sous une forme très-ancienne, d'une déesse. Cette idole, coiffée d'une couronne élevée ou *polos*, a les jambes serrées, les bras collés au corps et étendus en avant; sa draperie, disposée en plis parallèles, donne au corps l'aspect d'une gaîne.

A gauche on voit *Éros* nu, aux ailes ornées de bossettes d'or, une bandelette dans les cheveux. Il se penche familièrement vers sa mère comme pour la consoler. En face, un éphèbe nu, dans lequel on doit reconnaître *Adonis*, est assis sur sa chlamyde; le front ceint d'une bandelette, un chapeau rond ou pétase attaché à la nuque, il tient une lance. Ses pieds sont chaussés d'endromides.

Une couronne d'olivier règne au-dessus de la peinture. Dans le bas, il y a une ligne d'oves et sous l'anse quelques palmettes.

Les peintures de ce charmant *aryballos* sont rouges sur fond noir et rehaussées de pourpre, de blanc et d'or. Les chairs de *Vénus* et de l'*Amour* sont blanches. L'or, dont il existe des traces, avait été appliqué sur une pâte ocreuse qui forme (comme sur d'autres vases de cette espèce) soit des bossettes, soit des lignes en relief. Les ailes d'*Éros*, l'idole, les bandelettes frontales, la pointe de la lance et les baies d'olivier étaient autrefois dorées.

Haut., 15 centimètres.

Frœhner, *Cat. du Prince Napoléon*, n° 102. — Cf. *Choix de vases grecs*, p. 36-40 (pl. VII, 1) et *Musées de France*, pl. XIII.

45. — *Amphore de Nola.*

*Vénus* assise sur un siège à dossier, vêtue d'une tunique talaire et d'un péplos, la tête ornée d'une stéphané radiée, et tenant sur les genoux un coffret dont elle ouvre le couvercle. Devant elle, *Pitho*, debout, tournée à gauche, vêtue d'une tunique talaire et d'un ampechonium et tenant de la main droite un vase à couvercle et de la gauche un miroir.

*Revers.* — Vieillard à cheveux et barbe blancs, peut-être *Thamyris*, ayant la partie inférieure du corps couverte d'un manteau et tenant de la main droite une lyre. Devant lui un éphèbe drapé, tourné à gauche, tenant de la main droite un fruit.

Haut., 22 centimètres.

*Cat. Révil*, n° 501.

46. — Petit *lécythos*. — (Athènes.)

Au centre, *Vénus* assise sur un siége à dossier et couronnée de myrte, le buste nu, le bas du corps enveloppé dans une draperie. Près d'elle sont deux *Amours* ailés, l'un à gauche, tenant un filet de perles qu'il veut ajouter à la parure de sa mère; l'autre à droite, les jambes engagées dans une petite cage que la déesse tient à la main.

Aux deux extrémités, deux *Grâces* vêtues de tuniques longues, tenant l'une un coffret, un calathos et des bandelettes; l'autre, un coffret et des bandelettes. Près de cette dernière, un siége garni d'un coussin.

Quelques parties de cette gracieuse composition conservent des traces de dorure. Les *Amours* sont modelés en relief, ainsi que plusieurs autres détails dont il ne subsiste plus qu'une forme générale et indécise.

Ce petit vase a fait partie de la collection Fauvel. Le goulot est brisé et perdu.

Haut., 6 centimètres.

*Cat. Pourtalès*, n° 151. — Cf. Stackelberg, *Gräber der Hellenen*, pl. xxx. — Panofka, *Cabinet Pourtalès*, pl. xxxiii.

47. — Petite *hydrie*. — (Nola.)

*Nicé* ou la *Victoire*, vêtue d'une double tunique sans manches, s'approche en volant d'un calathos placé à terre devant elle; elle tient des deux mains une cassette et une bandelette.

Haut., 18 centimètres.

*Cat. Durand*, n° 217.

48. — *OEnochoé*. — (Nola).

*Victoire*, volant, tenant un casque et un bouclier argien, dont l'épisème est un serpent.

Cette charmante peinture respire toute la grâce de l'art hellénique parvenu à sa perfection.

Haut., 21 centimètres.

*Cat. étrusque,* n° 68.

## 49. — *Canthare.* — (Nola.)

Un vieillard barbu et drapé, appuyé sur un bâton et tenant une phiale. La *Victoire* ailée s'avance vers lui, tenant une œnochoé. Derrière le vieillard, on voit un arbre dépouillé de ses feuilles.

*Revers.* — Deux éphèbes nus, la chlamyde sur le bras gauche, le pétase rejeté sur le dos. L'un tient une lance et un canthare, l'autre une lance et une phiale. A droite une jeune fille, vêtue d'une double tunique sans manches, tient une œnochoé. Derrière les deux éphèbes, on voit un arbre dépouillé de ses feuilles ; derrière la jeune fille, une colonne d'ordre dorique indiquant que les trois personnages se trouvent réunis dans l'intérieur d'un édifice.

On peut reconnaître dans cette scène les *Dioscures* et *Hélène.*

Haut., 12 centimètres.

*Cat. Durand,* n° 226.

## 50. — *OEnochoé.* — (Nola.)

*Ariadne,* tenant une œnochoé et une branche de lierre, verse à boire à *Bacchus* qui tient un thyrse et un canthare. *Ariadne* a les cheveux enveloppés dans un cécryphale ; elle est vêtue d'une tunique talaire et d'un péplos. *Bacchus* est barbu, couronné de lierre et vêtu d'une tunique talaire.

Belles palmettes à la partie postérieure du vase.

Haut., 31 centimètres.

*Cat. Janzé,* n° 119.

51. — *Amphore pélique.* — (Nola.)

*Ménade* armée d'un thyrse et *satyre*.
*Rev.* — Deux *ménades*, dont la première tient un thyrse et l'autre une outre.

Haut., 12 centimètres.

*Catal. Durand,* n° 184.

52. — *Cotyle.*

*Ménade* tenant une torche et un cep de vigne.
*Rev.* — *Satyre* assis sur un rocher, tenant un canthare ; devant lui un thyrse.

Haut., 8 centimètres.

53. — *Amphore de Nola.*

*Hercule* coiffé de la peau de lion, vêtu d'une tunique et d'un manteau, tient dans la main droite la massue et dans la gauche un arc et deux flèches; le carquois est suspendu sur son épaule.
*Rev.* — Jeune homme drapé, appuyé sur un bâton noueux.

*Catal. Louis Fould,* n° 1375.

Haut,, 32 centimètres.

54. — *Guttus.* — (Nola.)

*Bellérophon* combat la *Chimère*. Il est entièrement nu et armé d'une lance, et monté sur *Pégase* dont les ailes cachent tout le corps du héros. La *Chimère* est représentée sous la forme d'un lion, dont un serpent remplace la queue; une tête de chèvre s'élève au milieu du dos. Devant la *Chimère* est une plante avec des enroulements comme des sarments de vigne.

Haut., 14 centimètres.

*Catal. Durand,* n° 248. — *Catal. Raoul-Rochette,* n° 94.

**55. — *Amphore de Nola*.**

La mort d'*Orphée*. Le poète, poursuivi par une *ménade* armée d'une épée, est sur le point de succomber, et se défend au moyen de sa lyre qu'il élève au-dessus de sa tête. *Orphée* est vêtu d'un manteau qui laisse à découvert sa poitrine, son bras droit et ses jambes. La *ménade* est revêtue d'une double tunique serrée par une ceinture.

Panofka (*Annales de l'Inst.*, *arch.* t. I, 1829, p. 266) a très-bien expliqué les marques en forme de lambda qu'on voit sur les bras de la *ménade*, par l'usage où étaient les femmes de Thrace de se faire des marques sur le corps avec leurs fibules.

*Rev.* — Un éphèbe drapé, l'épaule droite nue, s'appuie sur un bâton.

Haut., 36 centimètres.

*Catal. Durand*, n° 258.

Ce vase a été publié dans les *Monuments inédits de l'Institut arch.*, t. I, pl. v, 2; *Annales*, t. I, 1829, p. 265 et suiv.,

**56. — *OEnochoé*.**

*Adraste* et *Ériphyle*. Le roi d'Argos, barbu, la tête ceinte d'une bandelette, se présente à *Ériphyle* et retire le collier d'une petite pyxis pour le lui offrir. Il s'appuie sur un bâton; un ample manteau couvre ses épaules, laissant nu et libre le bras droit. *Ériphyle*, vêtue d'une tunique talaire sans manches et d'un himation, avance la main droite pour recevoir le don fatal. Une acolyte, vêtue d'une tunique talaire et d'un ample péplos, se tient debout derrière *Ériphyle*. C'est peut-être une des filles d'Amphiaraos ou une simple servante. Elle étend la main en signe d'admiration ou de surprise; de sa main gauche elle relève les plis de son péplos.

Haut., 19 centimètres.

Cette charmante *œnochoé*, d'une terre fine et légère, couverte d'un enduit noir des plus brillants, avant d'entrer dans la collection de M. Paravey, a appartenu à M. Prosper Dupré. Elle a été publiée par moi dans les *Annales de l'Institut archéologique*, t. XXXV, 1863, pl. II, p. 233 et suiv. J'ai cru que ce vase appartenait plutôt à la fabrique de Tarente (qui, du reste, est fort peu connue) qu'à celles d'Athènes, de Nola ou de la Sicile. — Cf. le beau mémoire de Roulez, sur *Amphiaraos prenant congé d'Ériphyle*, dans les mêmes *Annales de l'Institut archéologique*, t. XV, 1843, p. 206 et suiv.

## 57. — *Cratère*. — (Nola.)

*Thésée* et la fille de *Sinis*. Le héros est vêtu d'une chlamyde et tient deux lances; son chapeau ou pétase est suspendu sur ses épaules; la jeune fille est vêtue d'une tunique talaire et d'un péplos, et se retourne vers le héros.

*Rev.* — *Sinis*, barbu et drapé, s'appuyant sur un bâton.

Haut., 20 centimètres.

*Catal. Révil*, n° 503. — Voy. mon *Cat. Durand*, n°ˢ 346 et 347, pour ce qui a été dit au sujet de ces sortes de compositions, où d'autres archéologues ont voulu reconnaître *Thésée* et *Hélène* ou *Pélée* et *Thétis*.

## 58. — *Tasse à deux anses.*

*Phrixos* tourné à gauche saisissant le bélier.

*Rev.* — *Satyre* nu debout, les deux bras étendus, tourné à gauche et regardant avec surprise une grande tête de femme, peut-être *Géa* paraissant sortir de terre et représentée de trois quarts.

Aux deux anses sont des mascarons de *Silène* en relief.

Haut., 12 centimètres.

*Cat. Raoul-Rochette,* n° 46.

59. — *Stamnos,* avec son couvercle. — (Grande-Grèce.)

Scène de congé. Un jeune homme, vêtu de la chlæna et le pétase suspendu sur ses épaules, donne la main à un vieillard barbu et à moitié chauve, assis sur un ocladias. Il est vêtu d'une tunique talaire et d'un ample manteau; dans sa main gauche est un sceptre. A gauche, derrière le personnage royal, se tient debout une jeune fille, vêtue d'une double tunique sans manches, et remarquable par les dessins dont elle est enrichie. Sa tête est ornée de bandelettes. Elle tient une phiale et une œnochoé. Une colonne dorique et un entablement indiquent l'intérieur d'un édifice.

A droite, un autre personnage royal, barbu, la tête ceinte d'une couronne de laurier, et enveloppé dans un ample manteau qui recouvre sa tunique talaire, s'appuie sur un bâton noueux.

*Rev.* — Un guerrier, armé d'un casque et d'une riche cuirasse, se dispose à monter à cheval pour une expédition; il tient sa lance et présente une phiale à une jeune fille, qui s'apprête à lui verser à boire de l'œnochoé qu'elle tient de la main droite. Cette jeune fille, coiffée d'un riche cécryphale, est vêtue d'une tunique talaire sans manches.

A droite, le père, enveloppé dans un ample

manteau qui cache sa tunique talaire, assiste à la scène.

Dans le premier tableau on pourrait reconnaître le départ d'*Achille* de l'île de Scyros ; la jeune fille serait *Déïdamie*, le roi *Lycomède*, et le second personnage royal, *Ulysse* ou *Phénix*.

M. François Lenormant (*Gazette des beaux-arts*, mars 1866, p. 217) préfère reconnaître ici une scène de l'Odyssée : *Télémaque*, accompagné de *Mentor*, prenant congé de *Ménélas* et d'*Hélène*.

Un magnifique cratère de la collection Campana, aujourd'hui réunie au Musée du Louvre (*Ann. de l'Inst. arch.*, t. XXXII, 1860, pl. I, K), montre le départ de *Néoptolème* qui prend congé de *Lycomède* et de *Déïdamie*. Les personnages sont tous accompagnés de leurs noms. (Roulez, *Ann.*, *loc. cit.*, p. 293 et suiv.) Ce savant a examiné avec soin les sujets de congé ou d'adieu.

Le second tableau peut représenter le départ de *Bellérophon* pour aller combattre la *Chimère*.

Haut., 40 centimètres.

*Catal. Castellani*, n° 70.

60. — *Amphore de Nola.*

Scène de congé. *Achille* donne la main à *Déïdamie*. Le héros est nu, la chlamyde sur le bras gauche, tenant deux lances et un large bouclier argien qui a pour épisème un scorpion. La fille de Lycomède, la tête ceinte d'une large bandelette, fait le geste nuptial ; elle est vêtue d'une tunique talaire et d'un ampechonium.

*Rev.* — Deux éphèbes drapés.

Haut., 35 centimètres.

*Catal. Castellani*, n° 71.

61. — *Amphore pélique.* — (Bomarzo, style de Nola.)

Scène d'hospitalité. Un éphèbe, revêtu de la chlæna, chaussé de bottines et armé de deux javelots et d'une épée suspendue à son côté, fait une libation avec la phiale qu'il tient de la main droite. Son pétase retombe par derrière sur ses épaules. Une jeune fille, revêtue d'une double tunique, se tient debout devant l'éphèbe, et porte de la main droite une œnochoé. Entre les deux figures, on lit le mot KALOS. Un vieillard est assis sur un rocher, à droite de cette scène. Ce vieillard tient un bâton en forme de béquille ; un ample manteau enveloppe son corps.

*Revers.* — Une jeune fille, vêtue d'une tunique talaire et d'un péplos, est placée entre un homme barbu et un éphèbe. Ces deux personnages sont drapés et munis de bâtons. La jeune fille semble amener l'éphèbe à l'homme barbu.

Sous le pied sont gravées à la pointe les lettres XE.

Haut., 33 centimètres.

*Cat. Beugnot,* n° 67.

62. — *Hydrie.* — (Nola).

Arrivée d'*Ulysse* dans l'île des Phéaciens.

Le héros venant de sortir des flots est nu ; une écharpe entoure ses reins. Il se tient accroupi au pied d'un arbre, et, levant la main droite, il semble adresser la parole à *Nausicaa.* La jeune fille, effrayée, s'enfuit en étendant les deux bras, tout en se retournant vers le héros. Un cécryphale enveloppe ses cheveux ; elle est vêtue d'une tunique talaire et d'un péplos. A droite et à gauche, quatre compagnes de la jeune Phéacienne s'enfuient. La première de celles qui se trouvent placées à droite, der-

rière l'arbre, se retourne vers *Ulysse* et fait le geste
nuptial de la main droite en relevant un pli de
son péplos (1), qui est jeté sur ses épaules par-
dessus sa tunique talaire. La seconde, coiffée d'un
cécryphale et vêtue d'une double tunique sans
manches, tourne le dos à la scène. De l'autre côté
à gauche, deux jeunes filles s'enfuient ; la première,
vue de face, les deux bras étendus, est vêtue
d'une double tunique sans manches. La seconde
se présente au roi *Alcinoüs*, assis sur un cube à
l'extrémité de la composition. Cette seconde jeune
fille est coiffée d'un cécryphale et relève un pli de
sa tunique de dessus ; elle semble avoir dans ce
pli des fruits qu'elle veut offrir à *Alcinoüs*. Le roi
est vêtu d'une longue tunique et d'un ample manteau et tient le sceptre dans la main gauche. Ses
cheveux et sa barbe sont blancs.

Sous le pied sont gravées à la pointe les lettres
VV.

Haut., 22 centimètres.

Telle est l'explication que Panofka, d'accord avec
E. de Laglandière, donne de cette composition
dans le tome 1, 1829, des *Annales de l'Institut
archéologique*, p. 276, où cette charmante *hydrie*
est publiée. Voy. *Monuments inédits*, t. 1, pl. vi.
Millingen (*Ann.*, l. cit. p. 274) n'y voit qu'une
scène dramatique (2).

*Catal. Révil*, nº 502.

(1) Panofka a fait la remarque qu'Homère, dans l'*Odyssée*
(II, 313), prête à Alcinoüs l'intention de donner sa fille en ma-
riage à Ulysse.

Παῖδά τ' ἐμὴν ἐχέμεν, καὶ ἐμὸς γαμβρὸς καλέεσθαι.

(2) Cf. *Bull. de l'Inst. arch.*, 1838, p. 12.

## 63. — *Lécythos*. — (Vulci.)

*Sirène*, en forme d'oiseau à tête de femme, tournée à droite. Devant elle une colonne d'ordre dorique.

Haut., 11 centimètres.

64. — *Amphorisque.* — (Nola.)

Guerrier nu, debout, à droite, armé d'un casque, d'un bouclier argien et d'une lance. Dans le champ, le mot ΚΑΛΟΣ.

*Revers.* — Éphèbe, debout, drapé à gauche.

Haut., 22 centimètres.

65. — *OEnochoé.* — (Nola ou Athènes).

Un prêtre, couronné de laurier et enveloppé dans un ample manteau qui laisse nu le buste, est debout, devant un autel carré. Il lève la main gauche et tient de la main droite une cylix dont il va répandre le contenu sur l'autel pour faire une libation. Sur l'autel est allumé le feu qui va consumer les victimes offertes aux dieux. A droite un éphèbe nu, également couronné de laurier, tient des deux mains les broches auxquelles sont attachées les chairs. Derrière le prêtre, à gauche, est un éphèbe drapé. Au centre, on lit : ΟΦΡΑΔΕΣ ΚΑΛΟΣ. (1)

Les peintures sont très fines.

Haut., 21 centimètres.

*Cat. du prince de Canino,* 1845, n° 45.

(1) On connait d'autres vases sur lesquels on voit des sacrifices. Voir *Élite des mon. céramograph.*, tom. II, pl. CV, CVI, CVII et CVIII.

66. — *Amphore de Nola.*

La leçon de danse. Une jeune fille debout, vêtue d'une tunique courte, et coiffée d'un cécryphale, tient des crotales et danse. Une femme debout, vêtue d'une tunique talaire et d'un péplos, tient un bâton ; ses cheveux sont enveloppés d'un cécryphale. Au-dessus est suspendue une bandelette.

*Revers.* — Une femme, vêtue d'une tunique talaire et enveloppée dans un péplos.

Haut., 33 centimètres.

*Cat. Durand*, n° 761. — Cette charmante amphore a été publiée par Éd. Gerhard, *Ant. Bild-werke*, pl. LXVI.

67. — *Lécythos* (fabrique athénienne ou sicilienne).

Jeune fille vêtue d'une tunique talaire à plis fins et d'un ample péplos ; une couronne de myrte entoure ses cheveux. De la main droite elle porte un calathos et de la gauche un miroir sur lequel est tracée en noir et très-légèrement une tête de femme couronnée de lierre et vue de profil. Le bracelet et la couronne sont violets. Dessin de la plus grande finesse.

Le col, qui, dans l'antiquité, avait déjà subi une restauration, comme l'indiquent quatre trous à la naissance du goulot et de l'anse, n'a pas été retrouvé.

Haut., 22 centimètres.

*Cat. Castellani*, n° 80.
Ce charmant vase a été publié dans la *Gazette archéologique*, 1878, pl. XXV.

68. — *OEnochoé.* — (Nola.)

Femme debout, vêtue d'une tunique talaire et d'un ample péplos, tenant un miroir de la main droite et de la gauche une fleur ; derrière elle est un siége à dossier recouvert d'un coussin, sous lequel est un calathos.

Haut., 31 centimètres.

Fr. Lenormant, *Cat. Piot*, n° 62, Paris, 1870.

69. — *OEnochoé.*

Femme debout, tenant un miroir et une bandelette. Devant elle est placé un grand coffre.

Haut., 15 centimètres.

*Cat. Durand,* n° 773.

70. — *Aryballos.*

Jeune fille drapée, debout, à droite, tenant un
calathos. Derrière elle est suspendue une étoffe.

Haut., 11 centimètres.

71. — *OEnochoé.* — (Nola.)

Deux jeunes filles, debout, vêtues de tuniques
talaires; l'une tient une bandelette, l'autre un alabastron.

Haut., 19 centimètres.

72. — *OEnochoé* — (Nola.)

Deux jeunes filles, debout et drapées; l'une
tient une bandelette, l'autre semble lui donner des
ordres.

Haut., 19 centimètres.

Les deux charmants vases, décrits sous les n°ˢ 71
et 72, ont fait partie de la collection du Baron Roger, vendue au mois de mars 1842. Voir *Cat. Roger,*
n°ˢ 103 et 104.

## COUPES A PEINTURES ROUGES.

73. — *Cylix* profonde, sans pied, trouvée à Santa-Maria-di-Capua.

*Ext.*—Combat de *Dionysos* contre le géant *Eury-tos. Dionysos*, vêtu d'une tunique courte, le manteau enroulé autour du bras gauche et lui servant de bouclier, tient d'une main un canthare et une branche de lierre, de l'autre un thyrse. Sa tête est couverte d'une mitre ornée de feuilles de lierre; ses bottines sont en peau de panthère.

Le géant, *Eurytos*, est déjà tombé ; il est nu, armé d'un casque, d'un bouclier argien, ayant pour épisème un lion, et d'une épée. Un serpent s'élance sur lui pour le mordre : allusion aux métamorphoses auxquelles *Dionysos* eut recours pour combattre son ennemi.

*Revers.* — Les compagnons de *Dionysos* arrivent au secours de leur maître. A gauche, on voit *Silène* monté sur un char, traîné par deux jeunes *satyres* dont l'un tient un flambeau allumé. *Silène* porte un long *phallus oculatus*, dont la disposition imite le thyrse ; son bouclier, qui ressemble à une pelta d'amazone aussi bien qu'à une outre à vin, est décoré de deux yeux. De la main droite élevée, il manie une baguette pour faire marcher son attelage.

Palmettes sur les deux côtés et au-dessous des anses.

Haut., 12 centimètres ; diam., 23 centimètres.

Frœhner, *Cat. du Prince Napoléon*, n° 76. — Cf. *Choix de vases peints*, pl. v, p. 19-23, et *Musées de France*, pl. vi.

74. — Petit plateau porté sur un pied.

*Satyre* nu, avec une longue queue de cheval,

vu de face, accroupi, les deux mains appuyées sur
les genoux. La tête tournée à droite, les regards
portés en haut, il semble contempler quelque
chose qui serait dans l'air. Une couronne de lierre,
teinte en violet, entoure ses cheveux. Dans le champ
autour du *satyre*, on lit : ϹΟϹΙΑϹ ΕΠΟΙΕϹΕΝ.

Haut., 5 centimètres ; diam., 7 centimètres.

*Gazette archéologique*, 1878, pl. xxv. — C'est
la seconde fois qu'on rencontre le nom du céramiste *Sosias*, sur un vase peint. Voir la célèbre coupe
de Sosias, conservée au Musée de Berlin. *Monuments inédits de l'Inst. arch.*, t. I, pl. xxiv et xxv.
— Gerhard, *Griechische und Etruskische Trinkscha-
len des K. Museums zu Berlin*, pl. vi et vii. —
Müller-Wieseler, *Denkm. der alten Kunst*, t. I,
pl. xlv, n° 210. — Gerhard, *Berlin's ant. Bild-
werke*, n° 1030. — La pose du *satyre* ressemble
tout à fait à celle du *silène* des monnaies de Naxos
en Sicile, d'après une excellente remarque de
M. Fr. Lenormant, *Gazette arch.* 1878, p. 144.

75. — *Cylix*. — (Nola.)

*Int.*—*Hermès,* ΗΕΡΜΕϹ, barbu, debout, détourne
la tête à gauche ; il est coiffé du pétase ; une chlamyde, rattachée sur l'épaule droite, couvre une
partie de son corps ; des bottines ailées chaussent
ses pieds ; dans sa main droite il porte le caducée.

Haut., 8 centimètres ; diam., 17 centimètres.

*Cat. Durand,* n° 63. — *Cat. Raoul-Rochette,*
n° 79.

76. — *Cylix.*

*Int.*—Femme debout, drapée, tournant la tête à
gauche et tenant dans la main gauche un miroir,
dans la droite une boule de fard. Près d'elle une

colonne et un siège. Dans le champ, une bandelette suspendue.

*Ext.* — *Victoire* ailée, à droite, conduisant un
quadrige au pas. Deux colonnes d'ordre dorique.
Le même sujet est répété au revers.

Haut., 9 centimètres ; diam., 23 centimètres.

77. — *Cylix.* — (Vulci.)

*Int.* — Guerrier qui va mettre ses armes. Il tient
des deux mains un casque. Devant lui est un siège
sur lequel sont posés ses vêtements; son bouclier
est placé derrière lui.

*Ext.* — *Œdipe*, assis sur une base carrée, en face
du sphinx, placé au sommet d'une colonne d'ordre
ionique. Trois autres personnages assistent à cette
scène. L'un est un homme barbu et drapé, assis
sur un siège à dossier et tenant à la main un bâton
noueux ; il se retourne vers le sphinx. Le second
est un éphèbe qui s'enfuit. Le troisième un éphèbe
drapé.

*Revers.* — Quatre personnages, un éphèbe et
un homme barbu, l'un et l'autre drapés, deux
hommes barbus et drapés, placés en face l'un de
l'autre et tenant des bâtons ; l'un est chauve.

Haut., 9 centimètres ; diam., 23 centimètres.

*Cat. du Prince de Canino*, 1843, n° 189.

78. — *Cylix.*

*Int.* — Le centaure *Pholos*, tenant une branche
d'arbre et soulevant le couvercle d'un pithos.

Haut., 7 centimètres ; diam., 21 centimètres.

*Cat. Fould*, n° 1379.

79. — *Cylix*, sans anses.

*Int.* — *Amazone*, debout, tenant une bipenne et un arc.

Haut., 7 centimètres ; diam., 22 centimètres.

80. — *Cylix.* — (Vulci.)

*Intérieur.* — Un héraut à cheval, couvert d'un riche manteau (1) et armé de deux javelots ; des bottines chaussent ses pieds ; son pétase retombe de sa tête sur ses épaules. Ce héraut amène le cheval à *Hipponoüs,* représenté à l'extérieur de cette coupe. Dans le champ l'inscription : HO ΓAIS KAΛOS.

*Extérieur.* — Le héraut est descendu de cheval, et le tient par la bride. Son costume est le même que dans la peinture de l'intérieur, si ce n'est qu'une espèce de chapeau ou casque couvre sa tête ; son manteau, ouvert par devant, permet de voir sa tunique plissée. A côté du cheval est *Sisyphe,* vêtu d'une longue tunique plissée et d'un manteau, et appuyé sur un bâton noueux. Il pose la main droite sur son épaule gauche, et porte la gauche à sa tête en signe d'affliction ; ses cheveux et sa barbe sont blancs. En arrière de *Sisyphe* est *Hipponoüs,* qui se prépare à partir pour une expédition. Il est barbu, revêtu d'une tunique courte et d'une chlamyde à franges. De la main gauche étendue vers le vieillard sur lequel il porte ses regards, il tient un casque ; de la droite il s'appuie sur sa lance et sur son bouclier rond. A côté d'*Hipponoüs,* se présente une jeune fille vêtue d'une longue tunique plissée et d'un péplos qui couvre son épaule gauche et passe sous son bras droit. Sa tête est entourée du cécryphale. De la main droite, elle tient l'œnochoé, et lève la gauche en signe de surprise, ou plutôt en présage des dangers que va courir *Hipponoüs.* Dans le champ on lit : HO ΓAIS KAΛOS.

*Revers.* — *Hipponoüs* se repose de ses exploits. Le héros est barbu et armé d'un casque, dont les géniastères sont relevées, d'une cuirasse enrichie d'ornements, d'une lance et d'un grand bouclier rond auquel est attachée une longue draperie ; il est assis sur un siège. Devant lui, se tient, debout, une jeune fille vêtue d'une tunique talaire et d'un péplos, et coiffée d'un cécryphale, qui présente au héros une phiale. Plus loin, le cheval est mené à l'écurie par le héraut. Une colonne ionique cannelée, avec une partie d'entablement décoré de triglyphes, indique l'intérieur de la maison. Le héraut va débrider le cheval ; son costume est pareil à celui qu'il porte dans l'autre peinture de l'extérieur ; ses deux javelots sont placés à côté de lui. Près de la colonne, sont suspendues des tablettes. Dans le champ, on lit l'inscription : ΚΑΛΟϹ ΗΟ ΓΑΙϹ.

Haut., 14 centimètres ; diam., 32 centimètres.

*Cat. Durand*, n° 250. — L'explication que nous reproduisons ici est de Ch. Lenormant.

(1) Cf. une peinture de vase (Raoul-Rochette, *Mon. inéd.*, pl. XIII, p. 79), dans laquelle interviennent deux hérauts d'Agamemnon, vêtus comme celui de la peinture que nous décrivons ici.

81. — *Cylix.* — (Grande-Grèce.)

*Extérieur.* — Armement de guerriers, peut-être *Achille* et les *Myrmidons*, qui s'apprêtent à venger la mort de Patrocle. D'un côté est un quadrige à gauche, près duquel se tient debout un hoplite barbu, qui de la main droite fait signe à deux autres guerriers placés devant les chevaux ; le plus près a la tête nue et tient une épée ; le second, casqué et armé de toutes pièces, tient un morceau d'étoffe.

*Revers.* — Trois jeunes guerriers et un quatrième

barbu. Le premier, vêtu d'une tunique courte,
tient de ses deux mains une cnémide, tandis qu'une
de ses jambes est déjà couverte de cette pièce d'ar-
mure. Le second est barbu, déjà revêtu de la cuirasse, et s'apprête à se couper sa longue chevelure,
au moyen de son épée qu'il a tirée du fourreau.
Le troisième se déshabille pour revêtir la cuirasse
que lui présente le quatrième éphèbe, n'ayant
d'autre arme que son épée suspendue à son côté.
Derrière lui est une lance et un bouclier posé
contre un cube.

*Intérieur*. — Un éphèbe vêtu d'une ample chlæna
tient une colombe.

Le pied offre des traces de restaurations antiques.

Haut., 8 centimètres ; diam., 25 centimètres.

*Cat. Castellani*, n° 108.

82. — *Cylix*, trouvée à Santa-Maria-di-Capua.

*Intérieur*. — L'*Aurore*, ΗΕΟΣ, relevant le corps
de son fils *Memnon*. La déesse est ailée, vêtue
d'une double tunique à manches courtes et parée
de boucles d'oreilles. Ses cheveux sont en partie
cachés sous un morceau d'étoffe brodée ; les petites
boucles frisées qui surmontent son front sont éta-
gées en trois rangs, suivant la mode archaïque.
Tournée à droite, l'*Aurore* saisit, des deux bras, le
corps inanimé de *Memnon*, MEMLON (*sic*), qui
saigne par trois blessures. Le mort est dépouillé
de ses armes et complètement nu. Dans le champ
on lit une inscription en trois lignes : ⅃ΕΝΕΜΕ-
ΚΝΕΡΙΝΕ ΗΕΡΜΟΛΕΝΕΣ ΚΑLΟΣ (ἔν ἐμὲ ἐνέκρινε
Ἑρμογένης καλός), *le bel Hermogène m'a choisie seule*
(entre toutes les coupes) (1), puis les signatures
du potier *Calliadès* et du peintre ou dessinateur
*Douris :* ΚΑLΙΑΔΕΣ ΕΠΟΙΕΣΕΝ, ΔΟΡΙΣ ΕΛΡΑΦΣΕΝ,
tracées en caractères du v° siècle avant notre ère.

*Extérieur*. — Combat entre *Páris* et *Ménélas*. Le roi de Sparte, MENELEOS, Μενέλεως (2), l'épée à la main, s'élance à la poursuite du ravisseur, qui s'enfuit à toutes jambes. Chacun des deux héros porte une tunique courte et transparente, une cuirasse, un casque et un bouclier rond. *Páris*, ALEXSANΔROS (écrit de droite à gauche), est armé d'une lance. Derrière *Ménélas*, on voit *Vénus*, tenant une fleur; derrière le jeune Troyen, *Diane*, ARTEMIS, qui lève le bras droit pour imposer la paix. Les deux déesses sont vêtues de tuniques talaires à manches courtes et de péplos à large bordure et coiffées d'un cécryphale. *Diane*, parée de boucles d'oreilles et armée de l'arc, porte sur son épaule un carquois rempli de flèches.

*Revers*. — Combat entre *Hector* et *Ajax*. *Hector*, HEKLOR (*sic*), blessé à la poitrine par un coup de lance, est tombé. Il est entièrement nu, coiffé d'un casque corinthien, et armé d'un glaive et d'un bouclier rond. *Ajax*, AIAI (*sic*), qui se précipite sur lui pour l'achever, porte une tunique courte, une cuirasse, une paire de cnémides, un casque à crinière; d'une main il tient un énorme bouclier ovale, de l'autre il manie sa lance. Derrière lui, on voit *Pallas*, AΘEAIA (*sic*), et à l'extrémité droite du tableau, *Apollon*, AΓOOLLON (*sic*), qui arrivent en toute hâte pour séparer les deux combattants. *Pallas* retient le vainqueur par le cimier du casque; armée d'une lance, elle a la poitrine garantie par l'égide à écailles. *Apollon*, drapé dans une tunique talaire, porte un arc et un carquois. Une couronne de laurier orne ses cheveux, bouclés à la façon ancienne.

Les deux sujets sont encadrés chacun entre des palmettes très-gracieuses.

Le nom de l'artiste *Calliadès* ne se retrouve sur aucun autre vase ; celui de *Doris* ou *Douris*, d'a-

près une note de M. Frœhner, se trouve sur 16
vases. M. H. Brunn (*Geschichte der griechischen
Künstler*, p. 668 et suiv.) ne donne que 11 vases
signés par *Doris*. — Cette magnifique coupe, une
des plus remarquables que l'on connaisse, a été publiée par M. Frœhner dans son *Choix de vases
grecs* (Paris, 1867), pl. II, III et IV, p. 7-18. — Cf.
*Cat. du Prince Napoléon*, n° 75, et *Musées de
France*, pl. X, XI et XII.

Peintures de couleur rouge, jaune clair et pourpre sur fond noir d'un éclat très-brillant. Les boucles de cheveux sont figurées au moyen de petits
points noirs en relief.

Tous les détails sont rendus avec un soin mer-
veilleux.

Au milieu, une tache de tartre.

Haut., 12 centimètres ; diam., 26 centimètres et demi.

(1) C'est ainsi que M. Frœhner a expliqué cette inscription.
(2) Forme attique pour Μενέλαος.

## 83. — *Cylix.* — (Grande-Grèce.)

*Extérieur.* — De chaque côté un jeune cavalier.
Dessin très-fin ; émail très-brillant.

*Intérieur.* — Palmettes et autres ornements imprimés en creux.

Haut., 7 centimètres ; diam., 21 centimètres.

*Cat. Castellani*, n° 113.

## 84. — *Cylix.* — (Grande-Grèce.)

*Intérieur.* — Deux éphèbes couchés sur une
cliné.

*Extérieur.* — Ornements noirs et rouges dispo-
sés en échiquier.

Sous les anses, deux figures noires sur fond clair :
*bacchants* portant des thyrses.

Haut., 6 centimètres; diam., 22 centimètres.

*Cat. Castellani,* n° 110.

85. — *Cylix,* sans pied.

*Ext.* — Homme barbu et éphèbe, couchés sur
une cliné. Ce sujet est répété au revers.

*Int.* — Femme assise, drapée, et femme debout, drapée, en face d'elle.

Haut., 7 centimètres ; diam., 22 centimètres.

86. — *Cylix.* — (Grande-Grèce.)

*Intérieur.* — Un éphèbe couché sur une cliné
tient un scyphos. Dans le champ est suspendue
une corbeille. Au pied de la cliné, une grande
cylix à deux anses posée sur une base.

*Extérieur.* — Un pédotribe drapé entre deux
éphèbes nus. L'un prépare le sol de la palestre
avec une pioche, l'autre tient des haltères.

*Rev.* — Un pédotribe drapé entre deux éphèbes
nus. L'un va lancer un disque, l'autre se penche
vers la terre, les deux mains en avant.

Haut., 10 centimètres; diam., 20 centimètres.

*Cat. Castellani,* n° 114.

87. — *Cylix.* — (Vulci.)

*Intérieur.* — Un éphèbe drapé debout à gauche,
tient d'une main un bâton et étend l'autre dans
laquelle il tient une phiale, au-dessus d'un autel
carré. Derrière lui, à droite, un siège garni d'un
coussin.

*Extérieur.* — Un éraste et trois jeunes éromènes, deux tenant des lièvres, le troisième une
lyre.

*Rev.* — Un éraste et trois jeunes éromènes. L'un tient un coq. Dans le champ sont suspendus des ustensiles de bain.

Haut., 10 centimètres ; diam., 27 centimètres.

*Cat. du prince de Canino,* 1843, n° 215.

## 88. — *Cylix.*

*Intérieur.* — Un éphèbe drapé, debout, appuyé sur un bâton noueux, devant un labrum sur lequel est écrit le mot KAⱢE. Dans le champ, sont suspendus des ustensiles de bain.

*Extérieur.* — Scène de gymnase. Cinq éphèbes dans des postures variées, les uns tenant des bâtons, un autre un cotyle.

*Rev.* — Quatre éphèbes dans des postures variées : les uns tenant des bâtons, deux d'entre eux tiennent des cotyles.

Haut., 10 centimètres ; diam., 27 centimètres.

## 89. — *Cylix.* — (Vulci.)

*Intérieur.* — Un éphèbe nu tenant deux baguettes et des haltères ; derrière lui est un cippe.

*Extérieur.* — Deux jeunes lutteurs nus, un cippe, un pédotribe enveloppé dans son manteau, tenant une baguette fourchue, regardant à gauche. Dans le champ, à gauche, est suspendu un sac.

*Rev.* — Deux éphèbes nus tenant des baguettes ; au centre, un pédotribe drapé, vu de face, et muni d'une baguette ; à gauche, un cippe.

Haut., 8 centimètres ; diam., 23 centimètres.

*Cat. Durand,* n° 708.

## 90. — *Cylix.* — (Grande-Grèce.)

*Intérieur.* — Un éphèbe couronné de myrte et enveloppé dans son manteau se tient debout près

d'un autel ou d'un cube carré, et avance la main
droite dans laquelle il tient un œuf. Dans le
champ, un sac destiné à renfermer le strigile et les
éponges.

*Extérieur*. — Une jeune fille tenant une couronne de myrte entre deux éphèbes drapés. Dans
le champ sont suspendus des strigiles et une bandelette.

*Rev.* — Un éphèbe entre deux jeunes filles.
Dans le champ, deux sacs et des tablettes.

Haut., 9 centimètres ; diam., 22 centimètres.

*Cat. Castellani*, n° 109.


## VASES BLANCS AVEC DESSINS AU TRAIT.


91. — *Lécythos.* — (Athènes.)

Au milieu, une colonne funéraire ; à droite,
un éphèbe vêtu d'une tunique courte et d'un
manteau, la main gauche appuyée sur un javelot ; à gauche, une jeune fille vêtue d'une tunique
talaire et d'un péplos rouge, qui, de ses deux
mains, porte une scaphè chargée d'offrandes.

Haut., 33 centimètres.

*Cat. Janzé*, n° 134.

92. — *Lécythos.* — (Athènes.)

Un éphèbe debout près d'une stèle.

Haut., 17 centimètres.

93. — *Lécythos.* — (Athènes.)

Un éphèbe debout près d'une stèle.

Haut., 20 centimètres.

*Cat. Fould*, n° 1386.

## VASES AVEC ET SANS ORNEMENTS.

94. — Petite *Hydrie* noire, cannelée, avec collier doré et bordée d'ornements peints à la partie supérieure du goulot.

Haut., 25 centimètres.

95. — Petit vase rond, avec ornements quadrillés blancs.

Haut., 12 centimètres.

96. — *Hydrie* noire avec collier doré et ornements peints à la partie supérieure du goulot.

Haut., 24 centimètres.

97. — *OEnochoé.*

Sous l'anse, tête de femme en relief.

Haut., 17 centimètres.

*Cat. Beugnot*, n° 117.

98. — *OEnochoé*, forme surbaissée, fond noir. Bordures d'oves et de grappes de raisin en rouge, en jaune et en blanc. — (Gnatia.)

Haut., 17 centimètres.

*Cat. Pourtalès*, n° 449.

99. — *Canthare* noir avec anses ornées de nœuds, forme élégante.

Haut., 19 centimètres.

100. — *Hydrie* noire cannelée.

Collier peint en relief, autrefois doré.

Haut., 18 centimètres.

101. — *Hydrie* noire. Ornements très-fins peints autour des anses et autour du goulot.—(Cumes.)

Haut., 19 centimètres.

*Cat. Castellani*, n° 119.

102. — Charmante *œnochoé* cannelée.

Tête de femme et ornements. En bas de l'anse, une tête de femme en relief. — (Gnatia.)

Haut., 24 centimètres.

*Cat. Castellani*, n° 199.

103. — *OEnochoé.*

Ornements blancs, pampres et grappes de rai-sin. — (Gnatia.)

Haut., 19 centimètres.

104. — Petite coupe noire de forme basse très-fine, avec ornements imprimés. — (Nola.)

Diam., 8 centimètres.

105. — Petite *œnochoé* noire, avec palmettes im-primées. — (Nola.)

Haut., 8 centimètres.

106. — Petite tasse noire à une anse et ornée de palmettes imprimées en creux.

Haut., 7 centimètres.

107. — Petite coupe noire sans anses, avec orne-ments gravés.

108. — Autre petite coupe noire sans anses, avec ornements gravés.

109. — *Cylix.* — (Vulci.)

A l'extérieur, on lit, de chaque côté, l'inscription : XAIPE KAI ΠΙΕΙ EV. *Salut et bois bien!* Des palmettes aux anses.

Haut., 10 centimètres ; diam., 15 centimètres.

*Cat. Beugnot,* n° 75.


110. — *Cotyle* de terre cuite jaune à anses plates.

Ce vase est décoré d'une guirlande en relief formée de pampres et de raisins d'une extrême élégance et que des bandelettes rattachent sous les anses. Il a dû servir de modèle pour un vase d'argent, selon la remarque de **M. Fr. Lenormant.**

Haut., 12 centimètres.

*Cat. Piot,* 1870, n° 106.


111. — *Cotyle.* — (Gnatia.)

Peintures blanches sur fond noir ; pampres au milieu desquels on voit une rosace et une caille. *Rev.* — Guirlande de lierre.

Haut., 9 centimètres.


112. — *OEnochoé* noire cannelée.

Haut., 18 centimètres.


113. — Petite coupe noire sans anses. — (Nola.)

Diam., 11 centimètres.


114. — Petit *aryballos* noir cannelé, trouvé à Égine.

Haut., 8 centimètres.

115. — Petite coupe noire à pied, sans anses.

Haut., 6 centimètres ; diam., 9 centimètres.

116. — *OEnochoé* noire. — (Nola.)

Haut., 13 centimètres.

117. — Coupe noire, à deux anses, très-élégante et très-fine.

Haut., 9 centimètres.

118. — Petite coupe à deux anses. Terre noire étrusque.

119. — Petite *amphore* noire cannelée. Terre noire étrusque.

Haut., 11 centimètres,

120. — Coupe gallo-romaine en terre rouge avec fleurs et ornements en relief. Inscription : M. ATTO.

## VASES AVEC RELIEFS.

121. — Fragment d'un grand vase. Tête de femme de face en relief sortant de guirlandes de feuilles et de fleurs, parmi lesquelles se jouent deux petits Amours. Traces de dorure et de peinture.
*Cat. Janzé*, n° 135.

122. — *OEnochoé* noire cannelée, avec tête en relief au bas de l'anse.

Haut., 14 centimètres.

123. — Petite *œnochoé* avec sujets en relief. Traces de dorure. — (Cumes.)

Guerrier armé d'un casque, d'un bouclier et d'une lance, conduisant un bige à droite.

Un mascaron de jeune fille est appliqué à la naissance de l'anse.

Beau style.

Haut., 14 centimètres.

Frœhner, *Cat. du Prince Napoléon*, n° 104.

124. — *Cotyle*, terre jaune avec reliefs.

*Achille*, vu de face, assis sur une clinè, tenant d'une main une épée, de l'autre un bouclier rond portant pour épisème une tète de *Méduse*. A droite, *Briséis* drapée s'approche de la clinè; à gauche, le héraut *Talthybios* debout, coiffé du pétase et tenant un caducée.

*Rev.* — *Páris* blessé et agenouillé, soutenu par deux jeunes Troyens coiffés du bonnet phrygien.

Dans le *Catalogue Durand*, j'avais cru reconnaître dans le second sujet la mort de *Patrocle*.

Haut., 11 centimètres.

*Cat. Durand*, n° 1553.

125. — Petit vase noir cannelé à une anse, très-fin; une tête de lion en relief lui sert de goulot.

Haut., 7 centimètres.

126. — *Guttus* noir.

Tète de *Méduse* de face.
Beau style.

Diam., 10 centimètres.

127. — *Guttus*.

Tète de *satyre* barbu de face.

Diam., 9 centimètres.

*Cat. Beugnot*, n° 106.

128. — *Guttus.*

Tête de cheval bridé.

Diam., 8 centimètres.

129. — *Phiale* noire à ombilic.

Quatre quadriges. Dans le premier, *Mars*, armé de toutes pièces, et la *Victoire ;* dans le second, *Hercule*, armé de sa massue, et la *Victoire*. Les deux mêmes quadriges répétés deux fois.
Beau style.

Diam., 20 centimètres.

Les *phiales* à ombilic, ornées de quadriges en relief, sont très-rares. Voir *Cat. Durand*, n° 1364. — Cf. *Cat. Pourtalès*, n° 202.

## FORMES PARTICULIÈRES.

130. — *OEnochoé* en forme de tête de femme, avec guirlandes de myrte peintes en blanc. Beau style. — (Nola).

Haut., 19 centimètres.

*Cat. Pourtalès*, n° 371.

131. — Une autre *œnochoé* semblable.

Haut., 19 centimètres.

132. — *OEnochoé* en forme de tête de jeune fille. Traces de couleur rouge et blanche.

Haut., 18 centimètres.

133. — *OEnochoé* en forme de tête de femme, couleur noire. Cette tête est coiffée du cécry-phale parsemé d'étoiles.

Sur le col sont peints en jaune une colombe et une sphéra.

On peut regarder cette tête, d'un style noble et sévère, comme représentant *Vénus*. — (Vulci.)

Haut., 24 centimètres.

*Cat. Durand*, n° 1254. — *Cat. Révil*, n° 499.

134. — *OEnochoé* en forme de tête de *Silène*.

Beau style.

Haut., 20 centimètres.

*Cat. Pourtalès*, n° 375.

135. — *OEnochoé* en forme de tête d'*Hercule* jeune, coiffé de la peau de lion.

Sur le col, peintures rouges rehaussées de blanc, sur fond noir. *Satyre* imberbe, à queue de cheval, assis sur un rocher, tenant une grande fleur et une couronne. — (Basilicate.)

Cette superbe tête est du plus beau style (1).

Haut., 17 centimètres.

Fr. Lenormant, *Cat. Piot*, 1870, n° 94.

(1) Voy. *Gazette arch.*, 1878, p. 148, où est publié un petit *aryballos* en forme de tête d'*Hercule* jeune, trouvé dans l'Attique.

136. — *Canthare* en forme de double tête de femme.

Sur le col, peintures rouges rehaussées de blanc. *Génie hermaphrodite* assis tenant un coffret, et femme assise tenant une phiale. A la partie supérieure du goulot, de chaque côté, une tête de femme de profil.

Haut., 26 centimètres.

137. — *Canthare* en forme de double tête de divinité (*Neptune* ou *Bacchus*) avec grande barbe et riche chevelure, d'une grande noblesse d'expression.

Très-beau style.

Haut., 12 centimètres.

*Cat. Castellani,* n° 140.

138. — *Rhyton* noir. Tête de bélier. — (Nola.)

Long., 8 centimètres.

*Cat. Janzé,* n° 231.

139. — *Rhyton* (terre rouge). Tête de bélier.

Sur la panse, un *satyre* et une *ménade.* Ces deux figures sont à peine visibles, le fond noir ayant disparu à la cuisson.

Long., 24 centimètres.

*Cat. Janzé,* n° 175.

140. — *Rhyton* (noir). Tête de cerf.

Sur le col, peintures rouges rehaussées de blanc. *Génie hermaphrodite* assis à droite, tenant un calathos sur la main gauche. — (Pouille.)

Long., 20 centimètres.

141. — *Rhyton* (terre jaune).

Tête de griffon, très-beau travail. — (Pouille.)

Long., 20 centimètres.

142. — *Rhyton.* Tête de bélier.

Sans peintures, ayant seulement une couronne

de myrte de couleur blanche, pour ornement du col. Très-beau style. — (Nola.)

Long., 17 centimètres.

*Catal. Beugnot*, n° 89.

143. — *Rhyton* (terre rouge). Tête de veau.

Sur le col, peintures rouges. Deux éphèbes drapés et deux jeunes filles, tous debout. Au centre une colonne, au-dessus des tablettes pour écrire. — (Nola.)

Long., 15 centimètres.

*Cat. Durand*, n° 1286.

144. — *Rhyton* noir. Tête de génisse.

Sur le col, une guirlande de lierre peinte en blanc. — (Nola.)

Long., 22 centimètres.

145. — *Rhyton* noir. Tête de cerf.

Sur le col, peintures rouges. Jeune homme nu, debout, et personnage drapé, debout, tenant un sceptre (*Jupiter* et *Ganymède?*). — (Nola.)

Long., 16 centimètres.

146. — *Rhyton*. Tête de bélier.

Sur le col, peintures rouges. Femme debout tenant un flabellum et une scaphé remplie de fruits. — (Pouille.)

Long., 20 centimètres.

147. — *Rhyton* noir. Tête de griffon.

Beau style. — (Nola.)

Long., 13 centimètres.

148. — *Rhyton* noir. Tête de griffon. — (Nola.)

Long., 13 centimètres.

149. — *Rhyton* noir. Tête de mulet.

Sur le col, peintures rouges. Femme assise tenant une couronne et une espèce de grand gâteau posé sur un plat; une torche est appuyée contre son bras gauche. — (Pouille.)

Long., 22 centimètres.

150. — *Petit vase*, terre jaune.

Forme de statuette, représentant *Io* à oreilles de vache couchée et appuyée sur ses deux mains.

Haut., 10 centimètres.

*Cat. Janzé*, n° 517.

151. — *Vase* en forme d'*Éthiopien* nu agenouillé et les mains posées à terre. Couverte brune. Ce vase a une anse et un goulot. — (Athènes.)

Haut., 8 centimètres; long., 9 centimètres.

*Catal. Pourtalès*, n° 368. — Cf. Panofka, *Cabinet Pourtalès*, pl. xxx.

152. — *Petit vase* en forme de tête casquée.

Style phénicien. — (Camiros.)

Haut., 7 centimètres.

153. — *OEnochoé*, forme de *Sphinx* accroupi.

Très-beau style.

Haut., 21 centimètres.

154. — Vase en terre jaune, forme de cerf agenouillé.

Haut., 14 centimètres.

155. — Vase en forme de canard, coloré en noir et jaune.

Long., 16 centimètres.

*Catal. Castellani*, n° 155.

156. — Petit vase en forme de canard couché.

Haut., 7 centimètres.

157. — Vase, terre jaune, en forme de colombe. Très-beau style.

Haut., 19 centimètres.

158. — Vase noir en forme de pied humain, chaussé d'une sandale; le goulot, placé à la naissance de la jambe avec une anse posée de côté, est percé de cinq trous. Une tête de lion, en relief et percée, se trouve au-dessus du talon. Couverte noire (1). — (Vulci.)

Haut., 8 centimètres; long., 11 centimètres.

*Catal. Durand*, n° 1320.

(1) M. Léon Heuzey a publié un travail fort intéressant sur ces sortes de vases en forme de pied avec chaussure, dans le t. XXXVIII, p. 85 et suiv. des *Mémoires de la Société des Antiquaires de France*, en faisant connaître un vase en forme de pied chaussé portant une inscription grecque : ΑΚΟΛΟΥΘΙ, dessinée sous la semelle.

159. — Vase noir en forme de pied chaussé d'une sandale.

Long., 11 centimètres; haut., 8 centimètres.

*Catal. Janzé*, n° 225.

160. — Vase, terre jaune, en forme de pied chaussé.

Haut., 8 centimètres.

161. — *Petite amphore*, en forme d'amande.

Haut., 15 centimètres.

*Catal. Janzé*, n° 224.

161 *bis*. — Trois petits vases réunis, avec couvercles, et rattachés au centre à une colonne d'ordre ionique cannelée, surmontée d'une grenade.

Les trois petits vases sont ornés (peintures rouges sur fond noir) : l'un, d'un *Génie* ailé assis tenant un coffret entr'ouvert ; le second, d'un *Génie* ailé volant tenant d'une main un coffret et une couronne et de l'autre une sphéra ; le troisième d'un *Génie* ailé tenant d'une main un flabellum, de l'autre un miroir.

Haut., 28 centimètres.

## VASES DE LA DÉCADENCE.

### PEINTURES ROUGES REHAUSSÉES DE BLANC ET QUELQUEFOIS DE ROUGE VIOLACÉ (1).

(1) La plupart de ces vases ont été fabriqués dans l'Apulie (la Pouille), deux siècles environ ou un siècle et demi avant l'ère chrétienne ; les sujets se rapportent au culte de Bacchus, aux mystères ou aux honneurs rendus aux morts. La fabrication des vases peints cessa complètement par suite de l'édit du Sénat rendu contre la célébration des Bacchanales (186 ans av. J.-C.).

162. — *Stamnos apulïen*. — (Pouille.)

*Vénus* assise à droite et tenant un miroir. L'*Amour*, debout sur ses genoux, tient un coffret. De chaque côté est une des *Grâces* debout : l'une est vue de face, l'autre de profil.

*Rev.* — *Vénus* vêtue d'une tunique talaire, assise tenant un miroir. *Adonis* debout devant la déesse, appuyé sur un bâton. Le jeune héros est nu ; une chlamyde est roulée autour de son bras gauche. Derrière *Vénus* est placée *Pitho*, debout, qui tient de la main gauche un miroir.

Haut.. 31 centimètres.

163. — *Pyxis* à couvercle. — (Pouille.)

*Vénus* drapée, assise, et l'*Amour*, tenant le flabellum et une corbeille, volant au-dessus d'un dauphin. Une *bacchante* assise, tenant un thyrse et un alabastron. Fleurs entre les personnages.

Peinture très-fine.

Haut., 8 centimètres ; diam., 11 centimètres.

164. — *Olpé* de forme trapue à anse nouée, avec son couvercle. — (Pouille.)

*Vénus* et *Pitho*, vêtues de tuniques talaires, sont assises en face l'une de l'autre sur des rochers. *Vénus* tient un flabellum et un thyrse d'où pend une bandelette, *Pitho* un flabellum, et de l'autre main une ciste et une couronne. Entre elles deux vole *Éros hermaphrodite*, portant d'une main une scaphé pleine de fruits et une couronne, de l'autre un coffret suspendu à un anneau.

Guirlande de lierre autour du col. Palmettes sous l'anse.

Haut., 22 centimètres.

*Cat. Piot*, 1870, n° 20.

165. — *Aryballos*. — (Pouille.)

Trois femmes vêtues de tuniques talaires : celle du milieu est assise sur un siège, celle à gauche lui présente un coffret, la troisième à droite joue avec une sphéra.

Ce sujet peut représenter les trois *Grâces*.

Haut., 25 centimètres.

*Cat. Castellani*, n° 164.

166. — *OEnochoé*. — (Pouille.)

Un *Génie hermaphrodite* ailé, le pied droit posé sur un rocher, tenant un miroir et une branche de myrte.

Haut., 19 centimètres.

167. — *OEnochoé*. — (Pouille.)

*Bacchus* assis à droite sur sa chlamyde, tenant de la main gauche une phiale. *Ariadne* debout, drapée, placée devant lui, tient d'une main un canthare, de l'autre un miroir.

Haut., 32 centimètres.

168. — *Stamnos apulien*. — (Pouille.)

*Sappho* et *Phaon* et deux suivantes.

*Sappho*, assise sur un ocladias et vêtue d'une tunique talaire, joue du trigonum. *Phaon* nu est debout, la tête ceinte d'une couronne de myrte, et présente un objet circulaire, peut-être un diadème, à son amante.

Les deux suivantes, vêtues de tuniques talaires sans manches, tiennent, l'une un miroir et une sphèra, l'autre un miroir et une bandelette.

Au-dessus du groupe principal, on voit l'*Amour hermaphrodite* ailé, assis sur sa chlamyde ; il fait un signe à un lapin accroupi qui semble manger quelque chose. A gauche, un cygne. Derrière le lapin est une fenêtre entr'ouverte sur le bord de laquelle est posée une colombe.

*Rev*. — Éphèbe nu tenant une couronne et un rameau entre deux jeunes filles vêtues de tuniques talaires; l'une à droite tenant une bandelette et faisant le geste nuptial, l'autre à gauche assise sur un rocher et tenant un miroir et une scaphé. Au dessus, l'*Amour hermaphrodite* apportant une bandelette.

Haut., 35 centimètres.

*Cat. Castellani*, n° 161.

169. — *Aryballos*. — (Pouille.)

*Sappho* assise sur un rocher et jouant de la lyre triangulaire (*trigonum*). Le buste est nu et les jambes sont recouvertes d'un péplos. Devant elle une femme debout, drapée, tenant une flûte dans chaque main.

On pourrait aussi reconnaître ici deux *Muses*.

Peintures remarquables sous le rapport du dessin, quoique de l'époque de la décadence de l'art.

Haut., 21 centimètres.

*Cat. Castellani*, n° 162.

170. — *Hydrie*. — (Pouille.)

Deux femmes nues près d'un labrum ; l'une tient un miroir ; au-dessus du labrum est un *Génie hermaphrodite* debout, tenant un alabastron et un coffret.

Haut., 30 centimètres.

171. — *Cotyle*. — (Gnatia.)

Jeune fille tenant une grappe de raisin et un miroir.

*Rev.* — Jeune homme debout tenant un flam- beau et un calathos.

Haut., 6 centimètres.

172. — **Forme de seau.** — (Pouille.)

Sujet mystique.

Une femme, vêtue d'une tunique talaire et debout sur le socle d'un labrum, tient de la main gauche une couronne de myrte et se couvre d'une ombrelle. Sa tête est entourée d'un diadème.

Un éphèbe nu, appuyé sur un bâton, le bras gauche enveloppé d'une chlamyde, est auprès de cette femme et lui présente une scaphé remplie de fruits et une sphéra. Derrière lui, une femme presque nue, n'ayant qu'une légère draperie suspendue sur les bras, tient un flabellum.

Au-dessus du labrum vole un *Génie hermaphrodite* apportant une couronne de myrte qu'il va poser sur la tête de l'éphèbe.

Sous le labrum, un cygne peint en blanc.

Dans le champ, le tympanum.

*Rev.* — Un *satyre* jeune et nu, tenant une phiale et une grappe de raisin, court derrière une *ménade* vêtue qui, tenant un seau et une phiale, se retourne vers lui.

Au dessus vole le *Génie hermaphrodite* qui porte une phiale et le tympanum.

Dans le champ, une bandelette.

Haut., 29 centimètres.

*Cat. Durand,* n° 510. — *Cat. Pourtalès,* n° 257.

173. — *OEnochoé.* — (Pouille.)

Éphèbe nu assis sur sa chlamyde, tourné à gauche, tenant de la main droite une couronne. De chaque côté, une femme drapée : celle de droite a le pied droit posé sur un rocher et tient de la main droite un flabellum; celle de gauche, ayant les jambes croisées s'appuyant sur une stèle, tient de la main droite une couronne, de la gauche un coffret.

Dans le champ, des bandelettes, des fleurs et un bucrâne.

Haut., 32 centimètres.

174. — Petite *hydrie*. — (Gnatia.)

Tête de femme de profil à gauche, entourée d'ornements.

Haut., 12 centimètres.

175. — *Cotyle*. — (Gnatia.)

Avec côtes et anse nouée, très-élégant ; quelques légers ornements peints en blanc et en jaune ; guirlande de lierre autour du bord ; superbe conservation.

Haut., 12 centimètres.

*Cat. Piot*, 1870, n° 78.

176. — *Scyphos*. — (Pouille.)

Tête de femme de face, dans des enroulements de feuillages.

*Rev.* — Tête de femme de profil, dans des enroulements pareils.

Ce petit vase, d'une fabrique particulière, est remarquable par la finesse du dessin et la délicatesse des ornements.

Haut., 9 centimètres.

*Cat. Castellani*, n° 157.

177. — Coupe profonde à deux anses. — (Gnatia.)
Masque scénique et au dessus guirlande de lierre peinte en blanc.

Haut., 18 centimètres.

178. — *Amphore* à rotules, cannelée et décorée
de quatre masques.

Sur le col, guirlande de lierre peinte en blanc.

Haut., 21 centimètres.

*Cat. Castellani,* n° 209.

# TERRES CUITES.

179. — *Diane* debout, le carquois sur l'épaule,
vêtue d'une tunique courte, les jambes croisées et appuyée contre un cippe.

Haut., 23 centimètres.

*Cat. Janzé*, n° 503.

180. — *Cérès (Déméter Éleusinia)* debout, coiffée du *polos*, les cheveux longs tombant sur les
épaules, tenant de la main droite un faisceau
d'épis et sur la gauche un petit porc (χοῖρός
μυστικός). La déesse est vêtue d'une double tunique ; elle a pour parure des boucles d'oreille.
Les pieds manquent. — (Éleusis.)

Haut., 21 centimètres.

Cette remarquable statuette a été publiée par
M. Fr. Lenormant, dans l'*Archäologische Zeitung*,
1864, pl. cxci, accompagnée d'une lettre adressée
à Gerhard, p. 196 et suiv. — Cf. Overbeck, *Griechische Kunstmythologie*, t. II, p. 492.

181. — *Cérès* debout tenant un fragment de
flambeau renversé.

Haut., 15 centimètres.

182. — *Cérès*, vêtue d'une tunique talaire et du
péplos, la tête surmontée d'un haut diadème
en forme de *polos* et orné de roses, assise sur
un trône, la main droite portée à la poitrine et
la gauche reposant sur ses genoux. Une tige de
pavot sort de terre entre ses pieds et vient épa-
nouir sa fleur sur ses genoux. — (Tégée.)

Haut., 22 centimètres.

*Cat. Raifé*, n° 1002. — Cf. *Gazette archéolo-gique*, 1878, p. 44 et *Gazette des beaux-arts*, t. XXI, août 1866, p. 108.

183. — Autre figurine, à peu près semblable, re-présentant *Cérès* assise. — (Tégée.)

Haut., 22 centimètres.

184. — *Cérès* assise. Style ancien.

Haut., 16 centimètres.

185. — *Proserpine* assise tenant le petit *Iacchos* sur ses genoux.
Terre cuite très-fine. — (Corinthe.)

Haut., 10 centimètres.

*Cat. Piot*, 1870, n° 178.

186. — *Cérès* portant sur ses épaules *Proserpine* figurée comme une petite fille d'une dizaine d'années, vêtue d'une tunique à plis fins et d'un péplos. (Fragment.)
Très-beau style. — (Tégée.)

Haut., 18 centimètres.

*Cat. Piot*, 1870, n° 172.

187. — Buste de *Vénus* diadémée relevant son vêtement du bras droit.
Très beau style.

Haut., 13 centimètres.

*Cat. Janzé*, n° 539.

188. — *Vénus* à demi nue, debout, les bras en avant, le pied gauche posé sur un cippe.

Haut., 20 centimètres.

*Cat. Janzé*, n° 405.

189. — *Vénus* diadémée, debout, vêtue d'une tunique blanche et d'un péplos rose, et appuyée sur un cippe, la main gauche étendue.

Le diadème était doré et les cheveux conservent des traces de couleur rouge. — (Grande-Grèce.)

Haut., 31 centimètres.

*Cat. Beugnot,* n° 194.

190. — *Vénus* debout et voilée, avec le polos sur la tête. La déesse est vêtue d'une tunique talaire et d'un péplos dont elle relève de la main gauche un pli. Sur sa main droite est posée une colombe. — (Grande-Grèce.)

Haut., 14 centimètres.

*Cat. Beugnot,* n° 193.

191. — *Vénus* nue, assise.
Les bras et les jambes manquent.

Haut., 12 centimètres.

*Cat. Janzé,* n° 516.

192. — L'*Amour* sur une chèvre.

Haut., 13 centimètres.

*Cat. Janzé,* n° 490.

193. — *Éros* nu, debout, les cheveux entourés d'une couronne, portant une petite œnochoé et une phiale mésomphalos à godrons. — (Athènes.)

Haut., 13 centimètres.

*Cat. Piot,* 1870, n° 189.

194. — L'*Amour* assis sur un rocher et *Psyché* appuyée sur son épaule.
Beau style.

Haut., 14 centimètres.

195. — *Hygie* diadémée, debout, vêtue d'une tunique qui laisse la poitrine nue ; elle tient d'une main une coupe et donne à manger à un serpent. Près d'elle un cippe.

Haut., 28 centimètres.

196. — *Télesphore* assis, la tête couverte de son capuchon, les bras enveloppés.

Haut., 12 centimètres.

197. — *Bacchus* jeune, couché. A ses pieds est assise une petite fille. — (Cyrénaïque.)

Haut., 11 centimètres.

*Cat. Raïfé*, n° 1074.

198. — Tête d'*Ariadne* avec feuilles de lierre et corymbes dans les cheveux. — (Sardes.)

Haut., 5 centimètres.

*Cat. Piot*, n° 218. — M. Fr. Lenormant a le premier appelé l'attention sur ces sortes de terres cuites d'une fabrique particulière.

199. — *Bacchante* drapée, debout, couronnée de pampres, les bras cachés sous son péplos.

Haut., 20 centimètres.

*Cat. Janzé*, n° 409.

200. — *Bacchante* debout, couronnée de lierre, vêtue d'une tunique talaire et d'un péplos, les bras levés.

Haut., 19 centimètres.

*Cat. Janzé*, n° 389.

201. — *Bacchante* drapée, debout, couronnée de lierre. Le bras droit manque.

Haut., 21 centimètres.

202. — *Polymnie*, debout, la tête ceinte d'un diadème, porte la main droite vers sa gorge. Elle est vêtue d'une tunique talaire et d'un péplos qui cache sa main gauche. Les cheveux sont colorés en rouge.

Haut., 32 centimètres.

*Cat. Durand*, n° 1596.

203. — Tête de *Méduse* ailée ; les ailes de couleur rose. Mascaron ayant servi d'ornement à un vase.
Beau style.

Haut., 21 centimètres.

204. — Femme assise sur un tabouret garni d'un coussin, la jambe droite croisée sur la gauche. Elle est vêtue d'une tunique et rattache sa coiffure avec les deux mains.

Cette admirable figure, remplie de grâce et de naïveté, n'a point été modelée à l'ébauchoir, ainsi que le pensait Panofka. — (Athènes, Collection Fauvel.)

Hant., 21 centimètres.

*Cat. Pourtalès*, n° 834. — Voir Panofka, *Cabinet Pourtalès*, pl. XXXI, p. 114.

205. — Femme debout, drapée, les bras enveloppés, la tête diadémée.

Traces de couleur bleue.

Haut., 24 centimètres.

206. — Jeune fille assise sur un rocher, une nébride sur la poitrine, vêtue d'une tunique longue, le sein nu, les bras levés.

Haut., 22 centimètres.

207. — Jeune fille debout, vêtue d'une tunique longue qui couvre ses bras.

Haut., 21 centimètres.

208. — **Femme debout, couronnée de fleurs, drapée, la main droite sur la hanche.**

Haut., 31 centimètres.

209. — Femme debout, vêtue d'une longue tunique, levant la jambe pour rattacher sa chaussure.

Haut., 30 centimètres.

*Cat. Janzé*, n° 418.

210. — Danseuse vêtue d'une tunique talaire, les bras levés, la tête renversée en arrière.

Haut., 20 centimètres.

*Cat. Janzé*, n° 500.

211. — Danseuse, vêtue d'une tunique talaire et d'un péplos, levant le bras et retournant la tête. Traces de couleur rouge sur la tunique. — (Grande-Grèce.)

Haut., 20 centimètres.

*Cat. Durand*, n° 1701. — *Cat. Beugnot*, n° 208.

212. — **Femme couronnée de feuilles et de fleurs, à demi nue, appuyée sur un cippe.**

Haut., 21 centimètres.

*Cat. Janzé*, n° 515.

213. — Éphèbe debout, une calotte sur la tête. Un bras et une jambe manquent.

Haut., 20 centimètres.

*Cat. Janzé*, n° 413.

214. — Jeune fille debout, drapée, les jambes croisées, l'épaule gauche nue, s'appuie sur un cippe.
Beau style.

Haut., 25 centimètres.

215. — Femme debout, vêtue d'une tunique talaire et de l'ampechonium, ramène près d'elle les plis de son voile. Traces de couleur. — (Athènes, collect. Fauvel.)

Haut., 15 centimètres.

*Cat. Pourtalès*, n° 832. — Cette charmante figurine a été publiée par Stackelberg, *Gräber der Hellenen*, pl. LI.

216. — Femme drapée portant une hydrie sur la tête. Traces de couleur rouge.

Haut., 19 centimètres.

*Cat. Janzé*, n° 482.

217. — Femme debout, le buste nu, le bras gauche appuyé sur un cippe.

Haut., 13 centimètres.

*Cat. Janzé*, n° 394.

218. — Jeune fille debout, drapée.
Style de Tanagra.

Haut., 21 centimètres.

219. — Femme drapée, portant le pied droit en arrière.

Haut., 24 centimètres.

*Cat. Janzé*, n° 435.

220. — Jeune fille debout, drapée, la tête cou-

verte de son voile, les bras enveloppés. Traces de couleur bleue.
Beau style. — (Athènes.)

Haut., 18 centimètres. .

*Cat. Piot,* 1870, n° 202.

221. — Une autre à peu près semblable, la tête sans voile.

Haut., 19 centimètres.

222. — Femme debout, un sein nu, la main gauche sur la hanche.

Haut., 25 centimètres.

223. — Jeune fille assise sur un siège, les jambes croisées, la main à la hauteur du menton, dans l'attitude de la rêverie.
Très beau style.

Haut., 18 centimètres.

224. — Jeune femme à demi nue, appuyée sur un cippe, la main gauche tendue, la droite sur la hanche.

Haut., 27 centimètres.

225. — Deux jeunes filles debout, vêtues de longues tuniques et appuyées l'une sur l'autre. Ce groupe peut représenter *Électre* et *Chryso-thémis.*

Haut., 20 centimètres.

*Catal. Janzé,* n° 393.

226. — Enfant drapé, debout, relevant son vête-ment.

Haut., 9 centimètres.

**227. — Enfant monté sur un coq.**

Haut., 14 centimètres.

*Catal. Janzé*, n° 491.

**228. — Tête de femme de grandeur naturelle. Très-beau style.**

*Catal. Castellani*, n° 242.

**229. — Tête de jeune fille, couronnée de feuillage.**

Haut., 4 centimètres.

**230. — Petit masque scénique, tête de femme coiffée d'un bandeau.**

Haut., 8 centimètres.

*Catal. Nolivos*, n° 6.

**231. — Bas-relief.**

Tête de jeune femme à gauche. Beau style, rappelant les types des monnaies de Sicile.

Haut., 11 centimètres.

*Catal. Nolivos*, n° 7.

**232. — Bas-relief.**

*Bacchante* couchée, tenue dans les bras d'un *Génie* ailé qui la caresse.

Haut., 14 centimètres.

*Catal. Roger*, n° 73.

**233. — Antéfixe. Tête de lion.**

Très-beau style.

Haut., 20 centimètres.

*Catal. Janzé*, n° 468.

## LAMPES.

**234. — Lampe.**

Avec palmettes; deux cygnes à la poignée.

**235. — Lampe.**

*Chimère* à gauche, la patte sur la tête d'un cheval.

Dessous les lettres CLL tracées de droite à gauche.

**236. — Lampe.**

Buste de *Mars* casqué à gauche.
Dessous lettres illisibles.
Très-beau style.

**237. — Lampe.**

Avec ornements.
Dessous les lettres TAELCHA.

**238. — Dessus de lampe.**

Hommes et femmes nus, sujet libre.

**239. — Lampe.**

En forme de casque de gladiateur.

**240. — Autre lampe de forme analogue.**

**241. — Lampe à deux becs.**

*Jupiter* barbu, placé sur un aigle éployé, tenant le foudre dans ses serres. Un sceptre est dans la main gauche du dieu. L'anse, en forme de croissant, montre en relief les lettres SEL.

*Catal. Beugnot,* n° 234.

## TERRES CUITES DE CHYPRE.

242. — Buste diadémé de femme.

Haut., 6 centimètres.

243. — Femme couchée.

Haut., 7 centimètres.

244. — Tête de *Vénus* avec une haute couronne ornée de fleurs.

Haut., 6 centimètres.

245. — Buste de divinité avec une couronne ornée de feuilles d'olivier.

Haut., 9 centimètres.

246. — Cavalier debout, coiffé du bonnet phry-gien, tenant une lance de la main gauche et de la droite la bride de son cheval.

Haut., 5 centimètres.

247. — Buste de femme voilée, la bouche cou-verte. Sur la bordure du péplos on lit les lettres AΘE.

Haut., 10 centimètres.

248. — Tête de femme, la joue appuyée sur sa main.

Haut., 4 centimètres.

249. — Tête diadémée de femme.

Haut., 5 centimètres.

250. — Tête de femme.

Haut., 4 centimètres.

251. — Tête de jeune fille.

> Haut., 3 centimètres.

252. — Tête de jeune fille.

> Haut., 3 centimètres.

253. — Tête de jeune femme, le voile cachant la bouche.

> Haut., 3 centimètres.

254. — Tête de *Cérès*, coiffée d'une tiare.

> Haut., 10 centimètres.

## TERRES CUITES DE TANAGRA.

Les figurines décrites ci-dessous, n⁰ˢ 255 à 279, forment une des plus belles collections des charmantes terres cuites de Tanagra qui aient été réunies. (Voir l'Avertissement en tête de ce *Catalogue*.)

255. — Jeune femme debout, couronnée de fleurs, un large bandeau retenant les cheveux, la main droite sur la hanche, dans la gauche baissée tenant un flabellum. Tunique rouge, péplos bleu.

> Haut., 23 centimètres.

256. — Jeune femme debout, un cécryphale autour des cheveux, rejetant de la main droite son voile sur l'épaule gauche.

> Haut., 20 centimètres.

257. — Jeune femme à demi nue, un diadème entourant les cheveux, assise sur un rocher, relevant de la main gauche son vêtement et tenant de

la droite une petite coquille contenant des pains
de couleur destinés à la toilette.

Haut., 24 centemètres.

258. — Jeune femme drapée, assise sur un rocher et s'appuyant sur la main gauche. Ses vêtements sont teints en rose.

Haut., 16 centimètres.

259. — Jeune femme assise et vue de face, un
cécryphale autour des cheveux, la main droite
sur son genou, la gauche appuyée sur une base
carrée qui lui sert de siège.
Traces de couleur rouge et bleue.

Haut., 15 centimètres.

260. — Jeune femme, le buste nu, assise sur un
rocher, le bras droit sur le genou, la main
gauche posée sur le rocher.

Haut., 17 centimètres.

261. — Jeune femme vue de face, assise sur un
siège avec dossier, un cécryphale ceignant la
tête, appuyant sa joue sur sa main gauche, le
bras enveloppé.

Cette belle figurine est d'un travail des plus remarquables.

Haut., 22 centimètres.

262. — Jeune homme à demi nu, debout, un
large bourrelet, au-dessous duquel sont des
feuilles de lierre, entourant la tête, tenant de
la main droite un objet rond dans une espèce
de sac, la gauche appuyée sur une colonne.

Haut., 24 centimètres.

263. — Jeune homme à demi nu, vu de face et
assis sur des rochers, un chapeau plat rejeté
derrière le dos. La chlamyde est teinte en rouge.

> Haut., 18 centimètres.

264. — Jeune fille voilée, debout, le bras droit
couvert de son vêtement, et tenant de la main
gauche le flabellum.

Traces de couleur bleue et rose.

> Haut., 20 centimètres.

265. — Jeune homme assis sur un rocher, vêtu
d'une chlamyde teinte en rouge, le chapeau rejeté sur le dos, la tête ceinte d'un bourrelet
et d'une guirlande de fleurs.

> Haut., 20 centimètres.

266. — Jeune fille debout, drapée, le bras droit
couvert, tenant dans la main gauche un flabellum.

Traces de couleur bleue.

> Haut., 25 centimètres.

267. — Jeune femme, peut-être *Vénus*, debout,
un cécryphale autour de la tête, tenant sur la
main gauche une colombe.

Très-belle figurine.

> Haut., 30 centimètres.

268. — Jeune femme debout, vêtue d'une tunique rose, s'appuyant sur une colonne et tenant de la main gauche un miroir.

> Haut., 24 centimètres.

269. — Jeune femme, drapée, debout, le bras

droit enveloppé, couronnée de fleurs et de fruits,
tenant le flabellum de la main gauche.

Haut., 24 centimètres.

270. — Jeune femme debout, les jambes croisées,
la main levée, le coude droit appuyé sur une
colonne, le bras gauche caché sous son véte-
ment.

Haut., 24 centimètres.

271. — Jeune femme debout, la tête ceinte d'un
cécryphale, le bras droit nu, relevant son véte-
ment de la main gauche et tenant dans la droite
le flabellum.

Haut., 22 centimètres.

272. — Jeune femme debout, le bras droit nu,
tenant son vêtement relevé, le bras gauche
enveloppé.

Haut., 25 centimètres.

273. — Jeune femme debout appuyée sur un
cippe, regardant sa main gauche qui devait tenir
une fleur.

Haut., 19 centimètres.

274. — Jeune femme debout, les deux bras enveloppés, la main droite appuyée sur le bras
gauche.

Haut., 24 centimètres.

275. — Jeune femme debout, un cécryphale entourant la tête, le bras droit nu, soulevant son
vêtement à la hauteur du menton, le flabellum
dans la main gauche baissée.
Traces de couleur bleue.

Haut., 24 centimètres.

276. — Jeune femme debout et drapée, les bras
enveloppés dans son péplos de couleur rose, la
tête voilée. Sur le voile est placé un petit chapeau plat. La tunique talaire est bleue.

Haut., 23 centimètres.

277. — Jeune femme voilée, debout, vêtue d'une
longue tunique bleue, la tête appuyée sur la
main droite posée sur le bras gauche qui est nu.

Haut., 19 centimètres.

278. — Jeune femme debout, drapée, les deux
bras cachés sous son péplos, les mains com-
plétement cachées et enveloppées.

Haut., 26 centimètres.

279. — Jeune enfant nu, se drapant de son bras
gauche et soutenant son manteau avec la main
droite pendante.

Haut., 15 centimètres.


## VERRES ANTIQUES.


280. — Coupe sans anses, couleurs variées.
*Catal. Nolivos*, n° 9.

281. — Petite *œnochoé*, verre blanc rubanné.

282. — Petit vase se rapprochant de la forme du
*cratère*, avec ornements bleus et jaunes.

Ce petit vase, d'une forme rare, a été trouvé
dans la province d'Arsinoé, en Égypte.

*Catal. Beugnot*, n° 149.

283. — Un joli verre, couleur verte, ornements
jaunes.

284. — Coupe en verre à côtes.

285. — Un joli verre, ornements en relief, belle
irisation.

286. — Sphinx accroupi. Plaque carré.
*Catal. Janzé*, n° 586.

287. — Verre bleu représentant *Harpocrate;* devant lui hermès de *Priape.*

288. — Petit vase à deux anses.

289. — Coupe à côtes.

290. — Un joli petit verre à deux anses. Irisation magnifique.

# FIGURINE D'ARGENT

—

291. — *Junon* diadémée, assise, vêtue d'une tunique talaire et d'un ample manteau, la tête voilée. La déesse tient de la main droite une patère ; la main gauche est brisée.

Très-belle figurine d'argent.

Haut., 7 centimètres et demi.

*Catal. Raifé*, n° 820.

# BRONZES

—

## FIGURINES.

292. — Buste de *Jupiter*.

Haut., 4 centimètres.

*Catal. Beugnot*, n° 353.

293. — Buste de *Minerve* casquée, la poitrine couverte de l'égide, entourée de serpents et au milieu de laquelle est le Gorgonium. Un sphinx décore le casque de la déesse. Les yeux sont incrustés en argent.
Très-beau style.

Haut., 7 centimètres.

*Catal. Durand*, n° 1922. — *Catal. Féjervary-Pulsky*, n° 97.

294. — Buste de *Minerve*. Très-beau bronze. Le devant du casque en forme de masque.

Haut., 10 centimètres.

*Catal. Pulsky*, n° 98.

295. — *Victoire* debout, tenant une couronne de la main droite. Très-beau style ; superbe patine.

Haut., 10 centimètres.

296. — *Vénus* debout, la tête diadémée, la main droite touchant à sa chevelure, relevant son vêtement de la gauche et faisant le geste nuptial.

Haut., 14 centimètres.

297. — *Vénus* diadémée, debout, tenant de la main gauche une pomme. Elle devait tenir une patère de la droite.

Haut., 17 centimètres.

298. — *Vénus* debout, portant ses deux mains à sa tête pour se coiffer.

Beau style et belle patine.

Haut., 17 centimètres.

299. — *Mars,* nu, casqué, debout, la main gauche posée sur la hanche. Le dieu devait tenir une patère dans la main droite.

Belle patine.

Haut., 16 centimètres.

Ce bronze a fait partie de la *Collection Révil.*

300. — *Mercure* debout, la tête ailée, tenant de la main gauche une bourse, et faisant un geste oratoire avec la droite. Entre les ailes s'élève un objet ressemblant à une plume. Les yeux sont incrustés en argent.

Haut., 14 centimètres.

*Catal. Pourtalès,* n° 610.

301. — *Bacchus* debout, tenant le thyrse et une grappe de raisin.

Haut., 6 centimètres.

302. — *Bacchus* jeune, à longs cheveux qui tombent sur ses épaules, la tête ceinte d'une couronne de lierre et de corymbes, les pieds chaussés de sandales en forme de bottines. Le bras gauche manque.

Haut., 24 centimètres.

Cette belle statuette a été publiée par le docteur Émile Braun dans les *Annales* et les *Monuments inédits de l'Institut archéologique*, 1854, p. 82, sous la dénomination de Bacchus privé d'un bras (*Bacco giovane dalla spalla mozza*), mais M. Adrien de Longpérier a rectifié cette explication dans la *Revue archéologique* (t. XIII, 1866, p. 145 et suiv.), en démontrant que le bras gauche avec la draperie avait été fondu séparément pour être ajusté ensuite à la statuette, comme il y a d'autres exemples.

*Catal. Pulsky*, n° 133.

303. — Buste de *Bacchante* couronnée de fleurs, avec un grand anneau se rabattant sur le disque. Ce bronze a servi d'anse à un vase.

Diam., 12 centimètres.

304. — *Pan* à pieds de bouc, tenant des fruits.

Haut., 4 centimètres.

305. — *Isis* debout, tenant des fruits, un vase (*situla*) pendu au bras gauche. Socle antique. Figurine de l'époque romaine.

Haut., 15 centimètres.

*Catal. Pulsky*, n° 157.

306. — *Hercule* bibax, debout, un vase dans la main droite, la gauche levée.
Les deux pieds manquent.

Haut., 8 centimètres.

307. — *Hercule* bibax, debout, la peau de lion sur le bras gauche.

Un bras et le bas des deux jambes sont perdus.

Très-beau style.

Haut., 3 centimètres.

308. — Tête d'*Apollon*.

Très-beau style.

Haut., 3 centimètres.

*Catal. Pulsky*, n° 84.

309. — Enfant assis, les bras levés, ayant servi au couronnement d'un candélabre.

Haut., 4 centimètres.

310. — Avant-bras avec la main tenant un objet de forme ronde.

Haut., 14 centimètres.

311. — Masque tragique.

Haut., 6 centimètres.

*Catal. Pulsky*, n° 213.

312. — Tête de taureau.

Haut., 8 centimètres.

*Catal. Pulsky*, n° 244.

## VASES ET USTENSILES.

313. — Vase, partie en bronze et partie en fer, avec figures sous les anses.

Ce vase est désigné sous le nom de *Fiscus* dans la *Revue archéologique* et dans le *Catalogue de la collection Nolivos,* vendue en 1866.

Nous en donnons ici la description, d'après M. Henri de Longpérier :

« Ce beau vase, composé d'une panse de fer qui avait la forme d'une gourde aplatie, et qui est malheureusement fort oxydée et en grande partie détruite, est consolidé par une monture de bronze qui comprend un pied, un orifice, et un bandeau circulaire, duquel procède l'attache de l'anse. Toute cette partie de bronze est restée entière et dans la plus parfaite conservation, grâce à la belle patine lisse et d'un vert clair qui l'a recouverte. La hauteur totale de ce précieux monument est de 31 centimètres; il a 23 centimètres de diamètre. Chacun des bandeaux latéraux, large de 5 centimètres, porte une plaque contournée, décorée d'une console en forme de fleuron, sur laquelle est posée une figure d'éphèbe nu, les cheveux courts et frisés.

« Le style des deux figures, exactement semblables, le caractère de la tête ainsi que la pose des bras, semblent indiquer une double représentation de *Mercure* comptant des pièces de monnaie.

« L'anse, mobile et surélevée, est terminée à chaque extrémité par un crochet qui s'engage dans un anneau adhérent au bandeau et y joue avec une grande liberté. Elle est ornée de deux petits bustes enfantins, entés chacun sur une feuille d'acanthe.

« Un double couvercle ferme l'ouverture, dont le diamètre est de 4 centimètres. Le second couvercle est solidement fixé au moyen d'une serrure encore bien conservée et dont la facture est du plus haut intérêt pour l'étude des arts et métiers de l'antiquité.

« Ce vase, d'une forme à la fois élégante et si originale, exécuté avec tant de soin, a été trouvé près de Lyon dans les atterrissements du Rhône. »
— *Revue arch.*, t. XVIII, 1868, p. 122 et 123. Le vase est gravé, pl. XVIII. — Voy. sur le *Fiscus,*

vase destiné à renfermer des espèces d'or et d'argent, *Revue arch.*, l. cit., p. 158 et suiv.

Haut. totale, 31 centimètres ; diam., 23 centimètres.

*Cat. Nolivos,* n° 10. — Une photographie accompagne la description du *Fiscus.*

314. — Deux coupes à deux anses, d'une forme très-élégante.

Haut., 6 centimètres ; diam., 11 centimètres.

315. — Trépied supporté par trois pattes de lion et orné de feuillage.

Haut., 13 centimètres.

*Cat. Castellani,* n° 329.

316. — Petit trépied décoré de griffes de lion.

Très-belle patine.

Haut., 12 centimètres.

*Cat. Pourtalès,* n° 762.

317. — Manche de patère, orné d'une tête de bélier.

Beau style.

Long., 14 centimètres.

318. — Deux petits bracelets gaulois.

Superbe patine.

319. — Pied de siége.

*Génie* ailé sortant d'un fleuron. Le bas est formé d'une griffe de lion posée sur une grenouille.

Long., 38 centimètres.

### 32o. — Poignée de porte.

Superbe patine.

Haut., 20 centimètres.

### 32ı. — Candélabre.

Le pied est formé du *triskèle*, avec chaussure
aux pieds ; entre les jambes sont deux têtes d'*Io* à
oreilles de vache et ceintes d'une bandelette, et une
troisième tête de femme distinguée par un large
diadème et des boucles d'oreille. Comme il a été
dit dans le *Catalogue Beugnot*, n° 349, on doit
reconnaître, dans cette troisième tête, *Junon* dont
*Io* était la prêtresse. Sur la tige grimpe un *satyre* (1).

Les trois têtes qui décorent ce charmant candélabre rappellent les trois phases de la *Lune. Io*
avec ses cornes est la lune croissante et décrois-
sante (2) ; *Junon* représente la pleine lune (3).

Haut., 38 centimètres.

*Cat. Beugnot*, n° 349.

(1) Ce candélabre a été trouvé le 27 février 1833, à Vulci.
(2) Chez les Argiens, la lune portait le nom d'Io. Eustath,
*ad Dionys. Perieg.*, 92. — Suid. v. ῎Ιω.
(3) Duc de Luynes, *Études numismatiques sur le culte d'Hécate*,
p. 50 et suiv., p 88 et suiv.

### 322. — Candélabre reposant sur un pied à trois griffes de lion.

Au centre de ce pied est une figurine d'homme
nu, debout, tenant dans la main droite un grain
d'encens ; de la gauche, il portait sans doute une
patère. Cette figurine supporte la colonne qui se
termine par quatre branches, au centre desquelles
se trouve une figurine d'homme debout et drapé,
qui porte la main droite à la tête.

Haut., 68 centimètres.

*Cat. Nolivos*, n° 21.

323. — Candélabre reposant sur trois griffes de
lion. La tige est en forme de tronc de palmier.

Haut., 23 centimètres.

*Cat. étrusque,* n° 260. — *Cat. Beugnot,* n° 346.

324. — Candélabre porté par des pieds de biche.
Sur le fût, un renard poursuivant un canard.

Haut., 39 centimètres.

325. — Candélabre porté sur trois pattes de lion
entre lesquelles sont des feuilles de lierre. La
tige est lisse.

Haut., 1 mètre 26 centimètres.

*Cat. Pourtalès,* n° 756.

326. — *Miroir* étrusque.

Les deux *Dioscures* debout, coiffés d'un bonnet
conique ; femme debout et nue, coiffée du bonnet
phrygien (*Vénus*) ; une autre femme (*Hélène*) vêtue,
tenant une couronne.

Le manche est orné d'une tête de bélier.
Superbe patine vert clair.

Haut., 25 centimètres,

# MATIÈRES DURES

—



## MARBRE, BASALTE, ALBATRE.

327. — Bas-relief sur lequel on voit deux sphinx ;
au centre une palmette.

Superbe travail.

Long., 42 centimètres ; haut., 12 centimètres.

*Cat. Nolivos*, n° 3.

328. — Basalte vert.

Petite tête mutilée représentant un *satyre*. Ce
fragment a été apporté de Smyrne.

Haut., 13 centimètres.

*Cat. Pourtalès*, n° 99. — *Cat. Nolivos*, n° 4.

329. — Main.

*Cat. Révil*, n° 516.

330. — Tête de *Bacchus* jeune.

*Cat. Janzé*, n° 107.

331. — Albâtre.

Petite *amphore* sans pied.

Haut., 12 centimètres.

*Cat. Beugnot*, n° 295.

332. — Fragments de fresque. Décors de mu-
raille.

# ANTIQUITÉS ÉGYPTIENNES

—

**333. —** *Phthah* debout.

**Bronze.**

Haut., 11 centimètres.

*Cat. Beugnot,* n° 439.

**334. —** *Pacht* debout.

**Bronze.**

Haut., 15 centimètres.

**335. —** Quatorze petites divinités égyptiennes,
terre émaillée.

Toutes très-fines.

# PIERRES GRAVÉES [1]

(1) Presque toutes les pierres décrites ici sont antiques. Quelques-unes toutefois nous semblent d'une antiquité douteuse; quelques autres appartiennent à l'époque de la Renaissance.

## CAMÉES.

**336. — Sardoine.**

Tête laurée de *Jupiter* à droite.

**337. — Sardoine à deux couches, très-petite.**

Trois *satyres* sacrifiant une chèvre.

*Cat. Pulsky,* n° 428.

**338. — Sardoine.**

Masque tragique.

*Cat. Pulsky,* n° 442.

**339. — Sardoine à trois couches.**

Buste d'*Hercule* jeune à droite avec couronne de laurier, la peau de lion sur le cou.

*Cat. Pulsky,* n° 447.

**340. — Onyx.**

Femme à demi nue, tournée à gauche et assise sur un siége garni d'un coussin et écartant le voile qui la couvre.

*Cat. Pourtalès,* n° 1082.

**341.** — Sardoine à deux couches.

Femme debout, à droite, le buste nu et tournant le dos à un hermès.

*Cat. Pourtalès,* n° 1083.

**342.** — Onyx.

*Hercule* armé de la massue assommant un *centaure.*

*Cat. Pourtalès,* n° 1112.

**343.** — Sardoine à deux couches.

*Diomède* enlevant le Palladium; le héros tient une lance de la main droite ; près de lui est un cippe sur lequel était posée la statue qu'il vient d'enlever.

*Cat. Pourtalès,* n° 1206.

**344.** — Sardoine à deux couches.

Bacchant assis à droite, jouant de la lyre devant un édicule placé sur un rocher. Près de lui un thyrse.

*Cat. Pourtalès,* n° 1252.

**345.** — Onyx.

*Électre* assise tenant l'urne funéraire de son père et *Oreste* debout devant elle.

**346.** — Onyx.

Femme assise et deux enfants auprès d'une colonne.

## INTAILLES.

347. — Très-beau cylindre en chalcédoine.

Homme debout combattant deux animaux barbus ailés à tête humaine.

348. — Sardoine.

Tête de *Junon* diadémée et voilée, accompagnée
de l'inscription : ΑΛΦΗΟΥ.
Très beau travail.

*Cat. Pulsky*, n° 576.

349. — Cornaline.

Buste d'*Antinoüs*.

*Cat. Pourtalès*, n° 1104.

350. — Cornaline.

Tête d'homme, dans laquelle on a cru reconnaître le portrait d'un Domitius Ahenobarbus. Il est
probable que c'est le portrait de L. Regulus. Voy.
Cohen. *Monnaies de la République romaine*, pl. xxiv,
*Livineia*, n° 1.

*Cat. Pourtalès*, n° 1133.

351. — Cornaline.

*Romulus* et *Rémus* allaités par la louve.

352. — Cornaline.

*Amour* tenant une grappe de raisin, poursuivi
par une oie.

353. — Cornaline.

Personnage ailé tenant un vase, debout sur un sarment de vigne.

354. — Nicolo.

Tête de femme.

355. — Nicolo.

*Hercule* debout, tenant la massue. Dans le champ les deux lettres F et P.

356. — Nicolo.

*OEdipe* debout devant le sphinx assis sur un rocher.

*Cat. Pourtalès,* n° 1149.

357. — Nicolo.

*Satyre* portant un autre *satyre* sur son dos.

## BIJOUX.

358. — Bague en or trouvée à Herculanum.

Sur le chaton est gravé un perroquet. — Collection de la Malmaison.

*Cat. Pourtalès,* n° 1302.

359. — Une paire de boucles d'oreille. Très-beau travail.

*Cat. Pourtalès,* n° 1312.

# OBJETS DU MOYEN AGE

## DE LA RENAISSANCE, ETC.

---

360. — Émail cloisonné.

Le Christ assis de face tenant de la main gauche
le livre des Évangiles, la droite levée, de chaque
côté de la tête les lettres A et ω, dans le champ
des ornements en forme de rosaces. Plaque ovale.

Haut., 16 centimètres ; larg., 8 centimètres.

361. — Autre émail.

Le Christ à mi-corps vu de face, près de lui un
moine et une religieuse agenouillés, à droite les
lettres FR., à gauche P. B., au bas SOCIETATIS S
DOMINICI, dans le champ à droite une lance avec
banderole, à gauche une éponge au bout d'un bâton, quatre étoiles à droite, et une à gauche. Plaque de forme carrée.

Haut., 10 centimètres ; larg., 8 centimètres.

362. — Bas-relief. Marbre blanc.

Buste de la Vierge de profil à gauche. Très-beau
travail de la Renaissance.

Haut., 24 centimètres ; larg., 17 centimètres.

363. — Belle mosaïque.

Dans la partie supérieure, un cartouche à rinceaux ; au dessous, deux sphinx ailés dont les
corps sont enroulés autour d'un thyrse qui prend

naissance au centre d'un ornement d'où s'échappent des épis de blé et des fleurs de lis.

Toutes les parties de cette mosaïque sont exécutées en cubes de verre de couleur sur fond blanc.

Haut., 39 centimètres ; larg., 26 centimètres.

*Cat. Nolivos,* n° 8.

364. — Statuette en bronze.

*Faune* nu, debout, tenant sur son bras gauche une amphore.

Haut., 17 centimètres.

*Cat. Nolivos,* n° 14.

365. — Vase de bronze avec figures en relief.

Reproduction d'après l'antique.

366. — Terre cuite.

Bas-relief. Guerrier dans un bige, allant a gauche.

Long., 16 centimètres ; haut., 7 centimètres.

367. — Quatre grandes vitrines en forme de bibliothèque, en ébène, avec colonnes cannelées et ornements en cuivre doré et parfaitement ciselé. Ces meubles sont surmontés de couronnements avec vitres sur trois côtés, montures en fer de forme très-élégante.

Haut. du meuble, 1 mètre 32; la vitrine, 56 centimètres ; haut. totale, 1 mètre 88 ; long., 2 mètres ; larg., 52 centimètres.

368. — Deux autres vitrines formant encoignure, même forme que les précédentes. Ces six vitrines, sortant des ateliers de Graé, pourront être vendues en un seul lot.

369. — Deux vitrines plates posées sur des tables
également en ébène, les tables munies de grands
tiroirs, pieds également cannelés, sortant des
ateliers du même fabricant.

Long., 1 mètre 44 centimètres ; long., 87 centimètres ; profondeur
de la vitrine, 23 centimètres.

FIN

# TABLE DES MATIÈRES

—




Paris. — Typographie Georges Chamerot, rue des Saints-Pères, 19. — 7013.

Le Catalogue d'un très-beau choix de Médailles
grecques se distribue chez les mêmes experts,
4, rue de Louvois.

Paris. — Typ. G. Chamerot, 19, rue des Saints-Pères. — 7513.